a transformação já começou.

iônica é o ambiente digital da **FTD Educação** que nasceu para conectar estudantes, famílias, professores e gestores em um só lugar.

uma plataforma repleta de recursos e facilidades, com navegação descomplicada e visualização adaptada para todos os tipos de tela: celulares, tablets e computadores.

FTD educação

CB129820

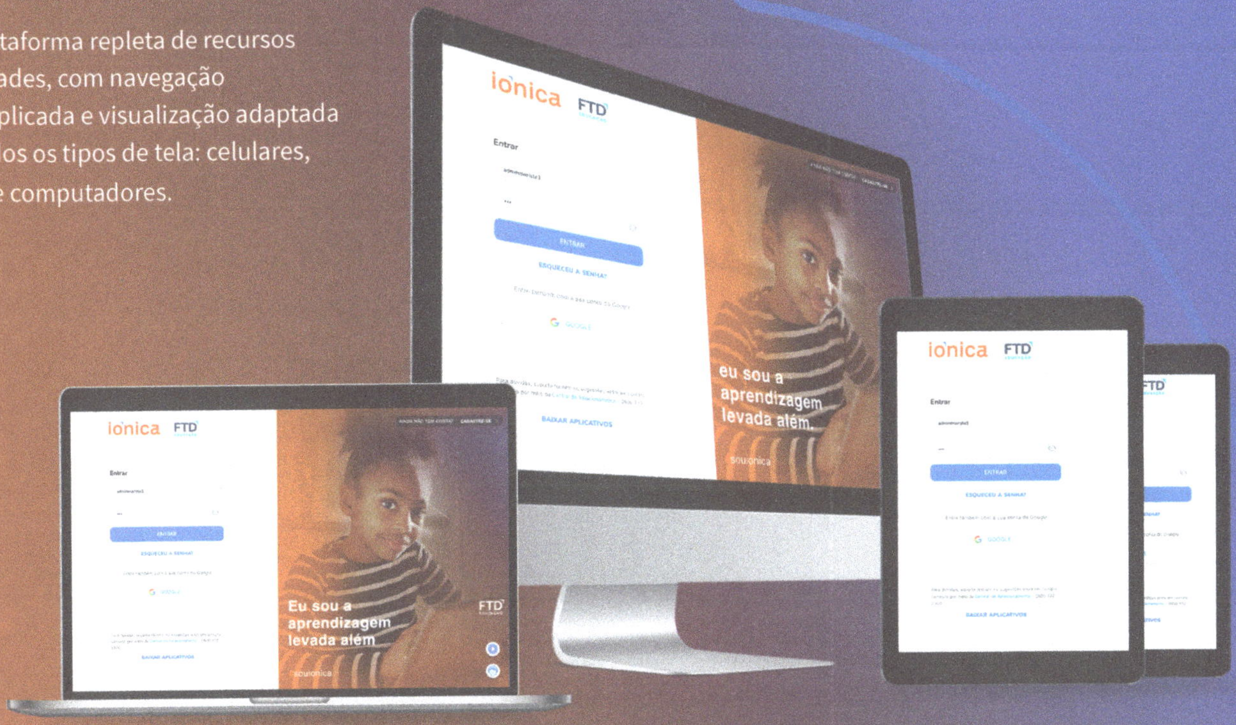

93999990000032

É MUITO FÁCIL ACESSAR!

RwFxnYepm

936.034 9010103001063

1 escaneie o QR Code ao lado com a câmera do seu celular ou acesse souionica.com.br

2 insira seu usuário e sua senha. Caso não tenha, crie uma nova conta em Cadastre-se.

3 insira o código de acesso do seu livro.

4 encontre sua escola na lista e bons estudos!

iônica

VOLUME

8

Ensino Fundamental
Anos Finais

Diálogo inter-religioso

Heloisa Silva de Carvalho

Pedagoga com especialização em Ensino Religioso pela Pontifícia Universidade Católica de São Paulo (PUC-SP) e mestre em Bíblia pelo Centro Bíblico Verbo. Autora de livros didáticos e paradidáticos de Ensino Religioso, atua como professora, coordenadora e formadora de professores, ministrando cursos para educadores e para agentes da pastoral na área bíblica. É membro do Centro Bíblico Verbo.

Jorge Silvino da Cunha Neto

Graduado em Filosofia e Pedagogia, pós-graduado em Currículo e Prática Educativa pela Pontifícia Universidade Católica do Rio de Janeiro (PUC-RJ) e mestre em Ciência da Religião pela Pontifícia Universidade Católica de São Paulo (PUC-SP). Professor de Ensino Religioso, Filosofia e História no Ensino Fundamental, Ensino Médio e Ensino Superior em São Paulo, é também roteirista.

2ª edição
São Paulo – 2024

FTD

FTD

Diretor-geral
Ricardo Tavares de Oliveira
Diretora de inovação, plataformas e avaliação educacional
Ceciliany Alves Feitosa
Diretor de conteúdo e negócios
Cayube Galas
Diretora adjunta de soluções didáticas e suplementares
Ana Carolina Costa Lopes
Gerente de conteúdo
Luciana Leopoldino
Editoras
Luciana Pereira Azevedo, Myrian Kobayashi Yamamoto
Editora-assistente
Amanda Valentin
Coordenadora de produção editorial
Beatriz Mendes Yamazaki
Supervisora de revisão e qualidade
Giselle Bianca Mussi de Moura
Preparação e revisão
Bianca Oliveira, Caline Devèze
Supervisora de arte e *design*
Simone Oliveira Vieira
Editora de arte
Ingrid Velasques
Projeto gráfico e capa
Simone Oliveira Vieira
Diagramação
SG-Amarante
Licenciamento de imagens
Fabiana Manna da Silva
Analista de fluxo
Tayná Mendes da Silva
Supervisora de arquivos de segurança
Silvia Regina E. Almeida
Gerente de eficiência e *analytics*
Marcelo Henrique Ferreira Fontes
Diretor de operações e produção gráfica
Reginaldo Soares Damasceno

Colaboraram nesta edição:
Eneida Gordo e Layza Real (editoras-assistentes), Elen Doppenschmitt, Leandro Calbente e Priscila Malanconi Aguilar (colaboradores); Marcia Sato (iconografia e licenciamento de textos), Guilherme Henrique Nahes Alonso (tratamento de imagens); Denise Ceron e Mariane Genaro (revisoras); Patrícia Maeda (editora de arte).

A coleção **Diálogo Inter-religioso** é um Projeto Editorial elaborado em parceria entre a FTD Educação e a União Marista do Brasil e desenvolvido a partir do Projeto Educativo do Brasil Marista e das Matrizes Curriculares de Educação Básica – Ensino Religioso.

Dados Internacionais de Catalogação na Publicação (CIP)
(Câmara Brasileira do Livro, SP, Brasil)

Carvalho, Heloisa Silva de

Diálogo inter-religioso: volume 8 / Heloisa Silva de Carvalho, Jorge Silvino da Cunha Neto. – 2. ed. – São Paulo: FTD, 2024. (Coleção Diálogo inter-religioso)

ISBN 978-85-96-04195-9 (aluno)
ISBN 978-85-96-04196-6 (professor)

1. Ensino religioso (Ensino fundamental) I. Cunha Neto, Jorge Silvino da. II. Título. III. Série.

23-170798 CDD-372.84

Índice para catálogo sistemático:

1. Ensino religioso: Ensino fundamental 372.84
Cibele Maria Dias – Bibliotecária – CRB-8/9427

Produção gráfica
FTD educação | GRÁFICA & LOGÍSTICA
Avenida Antônio Bardella, 300 - 07220-020 GUARULHOS (SP)
Fone: (11) 3545-8600 e Fax: (11) 2412-5375
CNPJ: 61.186.490/0016-33

A - 935.864/24

Rua Rui Barbosa, 156 – Bela Vista – São Paulo – SP
CEP 01326-010 – Tel. 0800 772 2300
www.ftd.com.br
central.relacionamento@ftd.com.br

Apresentação

Caro estudante,

Você já parou para pensar por que é tão comum encontrarmos imagens religiosas em praças, morros e templos? Você já viu pessoas caminharem pelas ruas e avenidas expressando sua fé? Já se perguntou qual o significado de acender velas, fazer orações, cantar e se expressar de diferentes formas nos variados rituais que compõem a cultura e a religiosidade do nosso país?

Este livro traz textos, imagens e discussões que permitirão a você formular algumas respostas para esses questionamentos. Os primeiros sinais de produção cultural da humanidade têm aspectos religiosos, como é o caso das pinturas rupestres, das sepulturas nos vasos de argila, das pirâmides, das esculturas e dos templos antigos.

O ser humano se expressa até hoje por meio de símbolos que relacionam fenômenos da natureza e acontecimentos cotidianos a manifestações divinas. Muitos desses símbolos e imagens revelam nossa busca por respostas sobre a origem da vida, a morte e o que vem depois dela.

Neste livro, você vai refletir sobre as semelhanças e diferenças entre as diversas maneiras de expressar a fé nas diversas tradições religiosas. Vai conhecer um pouco do universo religioso do povo brasileiro e de outros povos: ritos, símbolos, festas, músicas, danças, vestimentas e alimentos sagrados. Vai aprofundar seus conhecimentos sobre a fé dos povos originários nascida nas florestas; a fé do povo africano e de seus descendentes que resistiu à escravização; a fé do povo europeu, que fez da sua crença a religião oficial de muitos países. Vai estudar outros povos que migraram para cá, trazendo suas culturas e tradições religiosas, muitas crenças e visões de mundo que foram sincretizadas pelos brasileiros ao longo da história e conhecer esses hibridismos religiosos que ampliam nossa visão sobre o povo brasileiro e mesmo sobre o ser humano.

Este livro também vai ajudar você a compreender as manifestações religiosas em seus contextos culturais, históricos, políticos e sociais.

Vivencie essa experiência de aprendizado com sua turma, pois conhecer a diversidade religiosa e o direito de as pessoas expressarem a própria fé abre caminho para o respeito ao próximo e o desenvolvimento da cidadania e de uma sociedade mais justa, solidária e pacífica.

Olhamos para você e sonhamos com um mundo novo, onde a discriminação, a desigualdade e a violência devem ser combatidas com o diálogo e o conhecimento.

Os autores

Conheça seu livro

Neste livro, você vai refletir sobre os mistérios da existência e a contribuição das diferentes tradições religiosas nos princípios e valores de vida dos seres humanos. Além disso, vai conhecer as relações entre a arte e o sagrado e a importância do seu corpo. Também vai discutir importantes conceitos, como fé, razão e alteridade.

Antes de começar, veja como este livro está organizado.

ABERTURA DA UNIDADE

O livro se organiza em três unidades, cada uma com três capítulos. Um texto introdutório abre cada unidade e antecipa os principais conteúdos que serão estudados por você no decorrer dos capítulos. Vale a pena conferir!

ABERTURA DE CAPÍTULO

Os estudos do tema do capítulo e a reflexão sobre o conteúdo se iniciam com a interpretação da imagem de abertura, feita por meio da leitura da epígrafe e das perguntas da seção **Novos horizontes**.

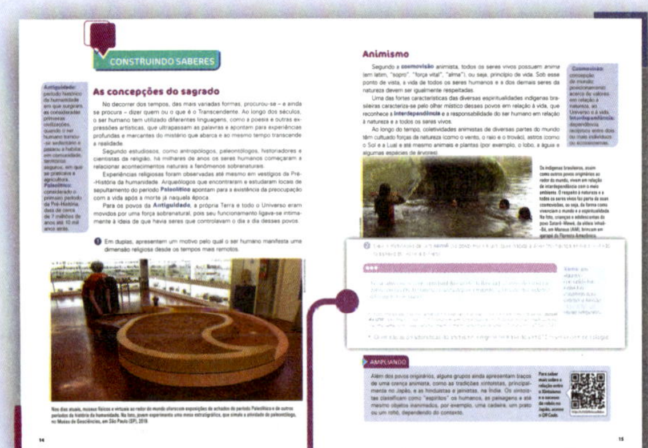

CONSTRUINDO SABERES

Espaço exclusivo do Ensino Religioso. É aqui que você vai estudar os principais conceitos dessa área do conhecimento, de modo a compreender, a interpretar e a ressignificar aspectos da religiosidade e do fenômeno religioso.

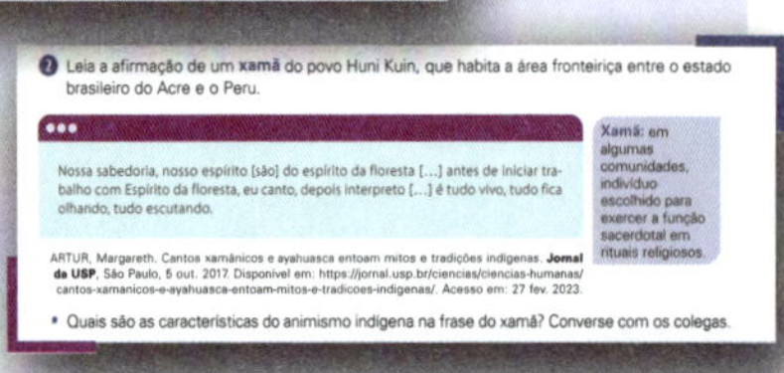

ATIVIDADES

Momento de praticar o que foi estudado na seção e refletir sobre o conteúdo.

EM GRUPO

Em grupos, criem, em vídeo curto, breves definições para **animismo**, **politeísmo** e **monoteísmo**. Depois, reproduzam a cena gravada para os demais colegas.

EM GRUPO

Proposta que pede ação em grupo. Ou seja, é hora de trabalhar com os colegas!

IÔNICA

Este selo indica que há recurso extra no ambiente digital.

GLOSSÁRIO

Explicação de termos importantes para a compreensão do texto.

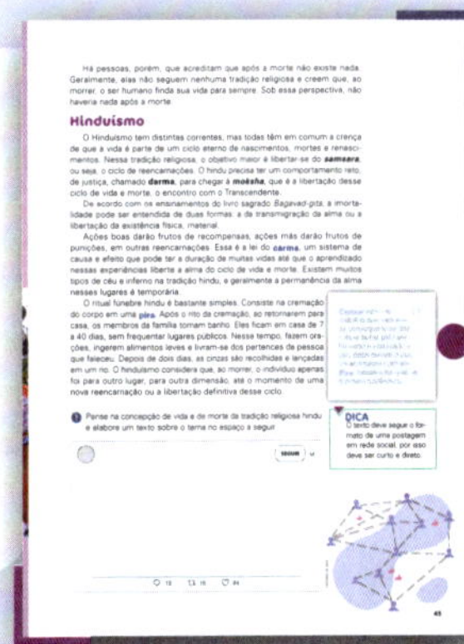

Carma: ação ou trabalho que exprime as consequências das coisas feitas pelo ser humano no passado e que determinam o que vai acontecer com ele.
Pira: fogueira na qual se cremam cadáveres.

DIÁLOGOS

Qual é a diferença entre Astrologia e Astronomia? A Astrologia é o estudo dos astros e sua influência sobre o planeta Terra e as pessoas, inclusive sobre a personalidade. Já a Astronomia é uma ciência, um ramo da Física que se ocupa do estudo dos astros e seus movimentos no espaço. É importante observar, porém, que na Antiguidade as duas andaram de mãos dadas. Na Babilônia, os sacerdotes começaram a estudar os astros, pois entendiam que os deuses se comunicavam por meio dos movimentos dos planetas. Foi com o surgimento da Ciência Moderna que ocorreu a progressiva separação entre Astronomia e Astrologia.

Até o desenvolvimento da Ciência Moderna, Astronomia e Astrologia estavam interligadas. A imagem mostra um detalhe de um mapa do século XVII com a representação dos signos do zodíaco.

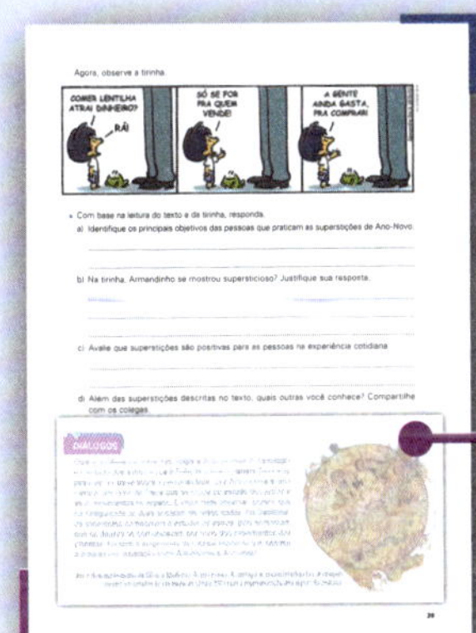

DIÁLOGOS

Momento interdisciplinar que busca articular aspectos relacionados ao fenômeno religioso e à religiosidade com as outras áreas do conhecimento.

AMPLIANDO

Além dos povos originários, alguns grupos ainda apresentam traços de uma crença animista, como as tradições xintoístas, principalmente no Japão, e as hinduístas e jainistas, na Índia. Os xintoístas classificam como "espíritos" os humanos, as paisagens e até mesmo objetos inanimados, por exemplo, uma cadeira, um prato ou um robô, dependendo do contexto.

Para saber mais sobre a relação entre o Xintoísmo e o sucesso de robôs no Japão, acesse o *QR Code*.

https://s.ftd.li/RelacaoRobos

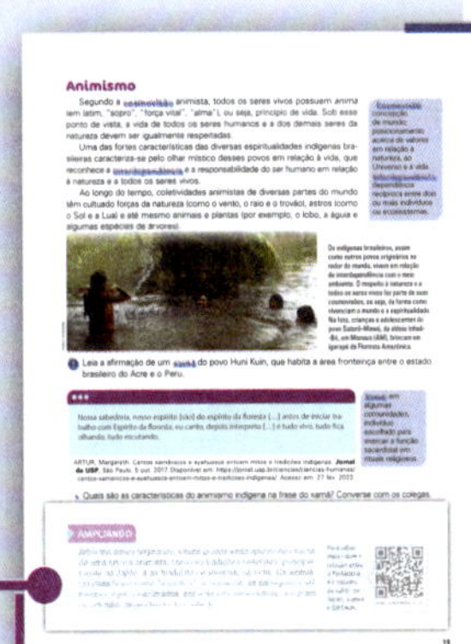

AMPLIANDO

Espaço para ampliar conhecimentos referentes ao tema da seção. Pelo *QR Code*, explore ainda mais os sentidos aprofundados durante a leitura.

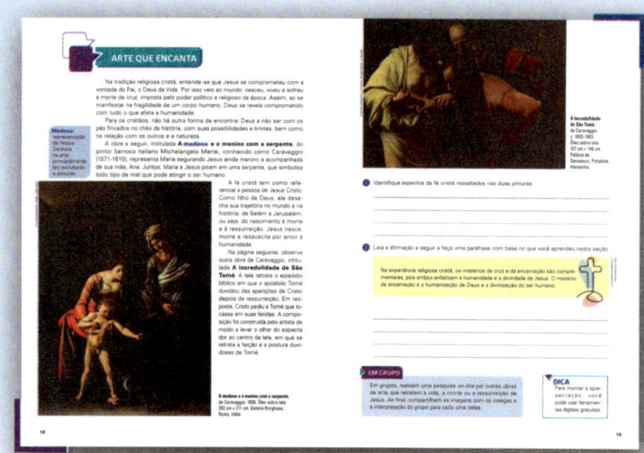

ARTE QUE ENCANTA

Momento de ler e interpretar textos literários, obras de arte, trechos de música etc., refletindo ainda mais sobre o tema do capítulo.

BIOGRAFIA

Destaque para a história de pessoas que transformaram a própria vida e a de seus semelhantes. Pelo *QR Code*, conheça mais da biografia apresentada.

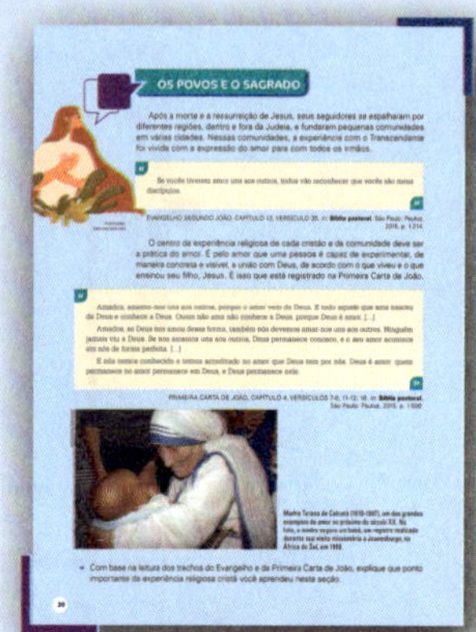

OS POVOS E O SAGRADO

Hora de ampliar seus conhecimentos sobre textos sagrados, escritos e/ou da tradição oral, de modo a compreender os fenômenos religiosos e o desenvolvimento da religiosidade como parte constituinte de diferentes identidades.

O CUIDADO COM O MUNDO

Espaço dedicado aos verdadeiros exemplos a serem seguidos: participantes de movimentos sociais, religiosos ou artísticos que desempenham papel relevante na sociedade. Use o *QR Code* e conheça ainda mais sobre a vida da pessoa apresentada!

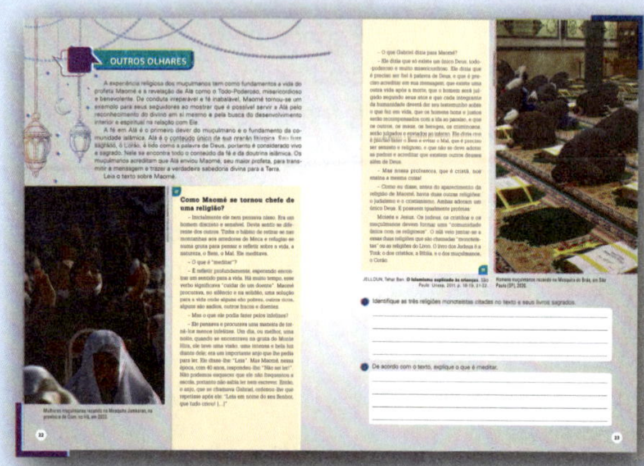

OUTROS OLHARES

Com o auxílio de textos que circulam no cotidiano, como matérias jornalísticas, entrevistas, artigos de opinião, HQs, tirinhas etc., você vai aproximar da atualidade os conhecimentos explorados no decorrer do capítulo.

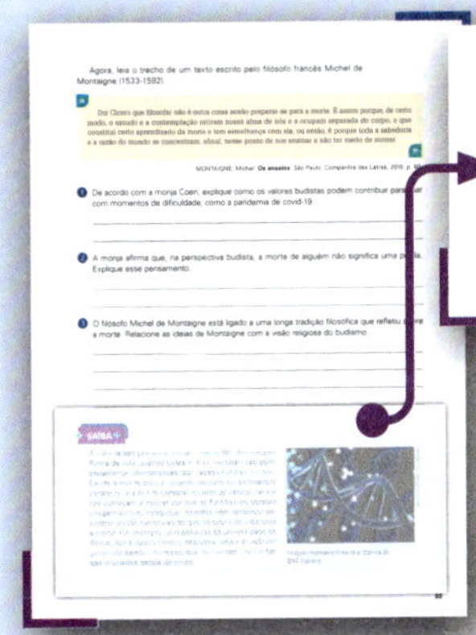

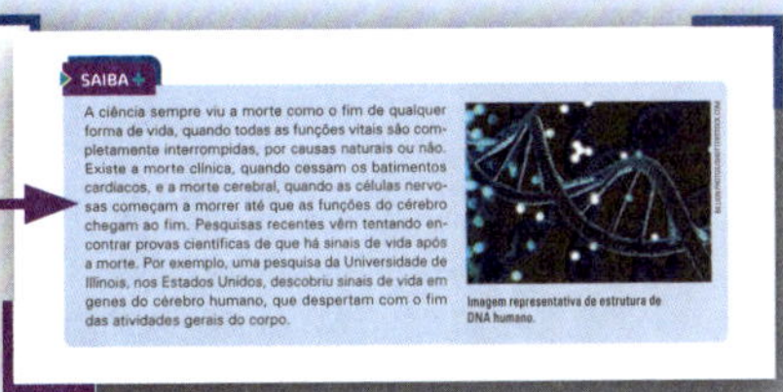

SAIBA +

Curiosidades e outras informações interessantes sobre os conteúdos estudados.

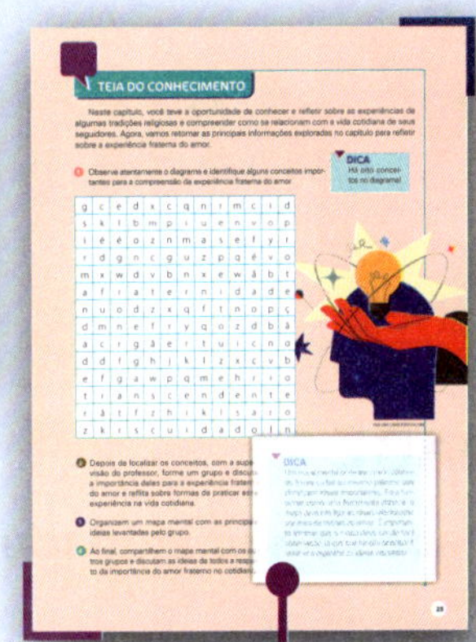

TEIA DO CONHECIMENTO

Encerramento do capítulo com atividades que sintetizam os principais conceitos estudados.

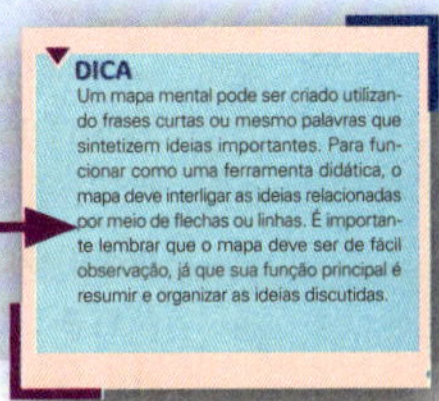

DICA

Informações pontuais e úteis sobre a atividade que será realizada.

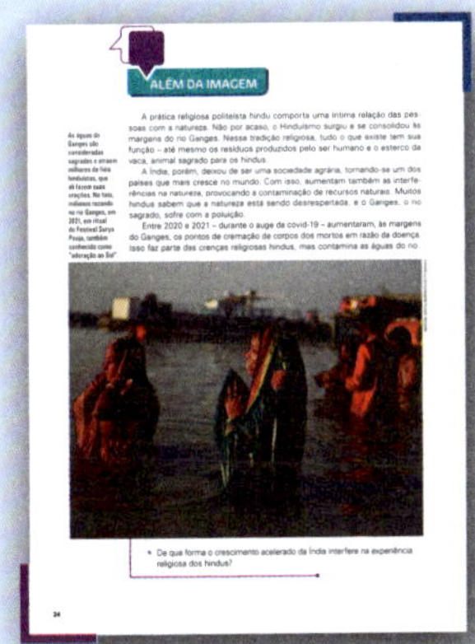

ALÉM DA IMAGEM

Momento de ir além da cena. Por meio do texto e da atividade proposta, você é convidado a ler, a refletir e a expressar sua opinião sobre a imagem reproduzida na seção.

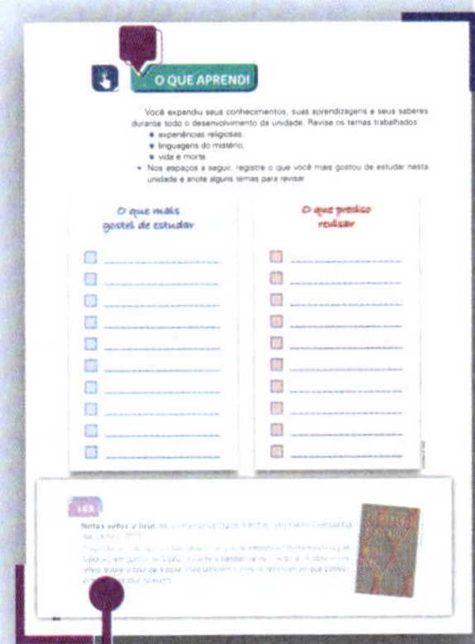

O QUE APRENDI

Ao final de cada unidade, por meio de atividade de autoavaliação, você vai relembrar e registrar o que aprendeu.

ESPAÇO DE...

No decorrer dos capítulos, você e os colegas vão realizar um projeto. Por meio de diferentes propostas de atividade, vocês terão oportunidades de desenvolver um protagonismo social, baseado na solidariedade, na ética da alteridade, no respeito e na interculturalidade.

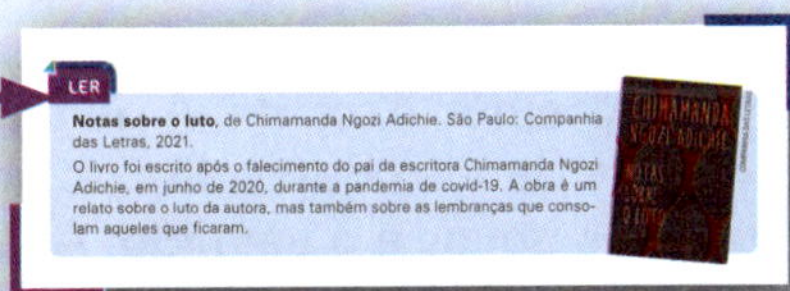

LER/ASSISTIR/ACESSAR/VISITAR/OUVIR

Indicação de filmes, livros, canções, *podcasts* etc., que aprofundam o conhecimento adquirido no decorrer da unidade.

Sumário

UNIDADE 1

Divindades e humanidades

UNIDADE 2

O sagrado em todo tempo e lugar

UNIDADE 3

Diferentes e tão semelhantes

Divindades e humanidades

UNIDADE

1

LUCENTIUS/E+/GETTY IMAGES

Nesta unidade, você vai estudar:

- a busca pelo Transcendente
- concepções do sagrado
- mistério
- misticismos
- divindades
- vida e morte

CAPÍTULO 1

As experiências religiosas

SOLOVIOVA LIUDMYLA/SHUTTERSTOCK.COM

As tradições religiosas constituídas englobam e aglutinam em si [a] presença de muitas "religiosidades" de origens distintas [...] são já em si resultado de diálogos inter-religiosos [...]

BERKENBROCK, Volney J. Provocações sobre o diálogo inter-religioso na perspectiva da religiosidade – dez teses. *In*: **Numen**: revista de estudos e pesquisa da religião, Juiz de Fora, v. 10, n. 1 e 2, p. 38-39.

NOVOS HORIZONTES

As tradições religiosas são diversas, múltiplas, variadas e integraram as culturas ao longo da história da humanidade. Muitos são os caminhos percorridos pelos seres humanos em busca do Transcendente, e distintas são as denominações que se atribuem a Ele. Vamos conhecer algumas dessas experiências.

Sobre o tema, observe a imagem, converse com os colegas e responda.

a) A imagem representa a peregrinação que cristãos católicos fazem à Basílica de Santiago de Compostela. Em sua opinião, a peregrinação pode ser considerada uma experiência religiosa? Por quê?

b) Que experiências religiosas você conhece ou já vivenciou?

CONSTRUINDO SABERES

As concepções do sagrado

No decorrer dos tempos, das mais variadas formas, procurou-se – e ainda se procura – dizer quem ou o que é o Transcendente. Ao longo dos séculos, o ser humano tem utilizado diferentes linguagens, como a poesia e outras expressões artísticas, que ultrapassam as palavras e apontam para experiências profundas e marcantes do mistério que abarca e ao mesmo tempo transcende a realidade.

Segundo estudiosos, como antropólogos, paleontólogos, historiadores e cientistas da religião, há milhares de anos os seres humanos começaram a relacionar acontecimentos naturais a fenômenos sobrenaturais.

Experiências religiosas foram observadas até mesmo em vestígios da Pré-História da humanidade. Arqueólogos que encontraram e estudaram locais de sepultamento do período **Paleolítico** apontam a existência da preocupação com a vida após a morte já naquela época.

Para os povos da **Antiguidade**, a própria Terra e todo o Universo eram movidos por uma força sobrenatural, pois seu funcionamento ligava-se intimamente à ideia de que havia seres que controlavam o dia a dia desses povos.

Antiguidade: período histórico da humanidade em que surgiram as consideradas primeiras civilizações, quando o ser humano tornou-se sedentário e passou a habitar, em comunidade, territórios seguros, em que se praticava a agricultura.
Paleolítico: considerado o primeiro período da Pré-História, data de cerca de 7 milhões de anos até 10 mil anos atrás.

1 Em duplas, apresentem um motivo pelo qual o ser humano manifesta uma dimensão religiosa desde os tempos mais remotos.

BETO CELLI/PULSAR IMAGENS

Nos dias atuais, museus físicos e virtuais ao redor do mundo oferecem exposições de achados do período Paleolítico e de outros períodos da história da humanidade. Na foto, jovem experimenta uma mesa estratigráfica, que simula a atividade do paleontólogo, no Museu de Geociências, em São Paulo (SP), 2019.

Animismo

Segundo a **cosmovisão** animista, todos os seres vivos possuem *anima* (em latim, "sopro", "força vital", "alma"), ou seja, princípio de vida. Sob esse ponto de vista, a vida de todos os seres humanos e a dos demais seres da natureza devem ser igualmente respeitadas.

Uma das fortes características das diversas espiritualidades indígenas brasileiras caracteriza-se pelo olhar místico desses povos em relação à vida, que reconhece a **interdependência** e a responsabilidade do ser humano em relação à natureza e a todos os seres vivos.

Ao longo do tempo, coletividades animistas de diversas partes do mundo têm cultuado forças da natureza (como o vento, o raio e o trovão), astros (como o Sol e a Lua) e até mesmo animais e plantas (por exemplo, o lobo, a águia e algumas espécies de árvores).

Cosmovisão: concepção de mundo; posicionamento acerca de valores em relação à natureza, ao Universo e à vida.
Interdependência: dependência recíproca entre dois ou mais indivíduos ou ecossistemas.

FABIO COLOMBINI

Os indígenas brasileiros, assim como outros povos originários ao redor do mundo, vivem em relação de interdependência com o meio ambiente. O respeito à natureza e a todos os seres vivos faz parte de suas cosmovisões, ou seja, da forma como vivenciam o mundo e a espiritualidade. Na foto, crianças e adolescentes do povo Saterê-Mawé, da aldeia Inhaã-Bé, em Manaus (AM), brincam em igarapé da Floresta Amazônica.

2 Leia a afirmação de um **xamã** do povo Huni Kuin, que habita a área fronteiriça entre o estado brasileiro do Acre e o Peru.

> Nossa sabedoria, nosso espírito [são] do espírito da floresta [...] antes de iniciar trabalho com Espírito da floresta, eu canto, depois interpreto [...] é tudo vivo, tudo fica olhando, tudo escutando.

ARTUR, Margareth. Cantos xamânicos e ayahuasca entoam mitos e tradições indígenas. **Jornal da USP**, São Paulo, 5 out. 2017. Disponível em: https://jornal.usp.br/ciencias/ciencias-humanas/cantos-xamanicos-e-ayahuasca-entoam-mitos-e-tradicoes-indigenas/. Acesso em: 23 fev. 2024.

Xamã: em algumas comunidades, indivíduo escolhido para exercer a função sacerdotal em rituais religiosos.

- Quais são as características do animismo indígena na frase do xamã? Converse com os colegas.

AMPLIANDO

Além dos povos originários, alguns grupos ainda apresentam traços de uma crença animista, como as tradições xintoístas, principalmente no Japão, e as hinduístas e jainistas, na Índia. Os xintoístas classificam como "espíritos" os humanos, as paisagens e até mesmo objetos inanimados, por exemplo, uma cadeira, um prato ou um robô, dependendo do contexto.

Para saber mais sobre a relação entre o Xintoísmo e o sucesso de robôs no Japão, acesse o *QR Code*.

https://s.ftd.li/RelacaoRobos

JAKUB KYNCL/SHUTTERSTOCK.COM

Representação híbrida do deus Anúbis, com corpo de homem e rosto de **chacal**. No antigo Egito, Anúbis era considerado o deus do sepultamento e protegia os túmulos, símbolo da passagem da vida para a morte. Na imagem, Anúbis está representado na cidade de Luxor, Egito, na parede do túmulo de Horemeb, faraó do antigo Egito, falecido em cerca de 1292 a.C.

Chacal: mamífero carnívoro da família dos canídeos; habita regiões áridas da Europa, Ásia e África.

Politeísmo

Outra forma de o ser humano se relacionar com o sagrado é por meio da crença em várias divindades, prática que estudiosos denominam de **politeísmo** (palavra de origem grega – *poli*: muitos, diversos; *théos*: Deus, deuses) e que foi predominante em povos dos grandes impérios da Antiguidade.

No **império egípcio**, por volta do século XV a.C., cultuavam-se vários deuses, como Set, Rá-Atum, Osíris, Hórus, Anúbis e Ísis. Os deuses eram representados na forma de seres humanos, de animais e até mesmo de forma híbrida, com características humanas e animalescas. Aos deuses e às deusas eram atribuídas diferentes funções: Ísis, por exemplo, era considerada a deusa da fertilidade, a quem se recorria para pedir boas colheitas na prática da agricultura.

Para os **gregos da Antiguidade**, o mundo era governado por um conjunto de divindades, entre elas: Zeus – deus que regia os céus; Poseidon – aquele que regia mares e rios e era bastante temido por ser considerado o deus das catástrofes naturais; Atena – deusa da sabedoria e da guerra. No panteão grego, ainda encontramos Apolo, Afrodite e Hades, entre tantos outros.

Também os **antigos romanos** acreditavam em uma multiplicidade de deuses e deusas, como Juno, Baco, Jano e Júpiter. Netuno, por exemplo, representa os oceanos, mares e as correntes de água; Minerva é a deusa das estratégias de guerra.

Nos dias atuais, cultos politeístas continuam presentes em algumas religiões, principalmente na África e na Ásia. A Índia, por exemplo, apresenta grande variedade de tradições religiosas, cada uma com a própria experiência do Transcendente.

3 Quais são as duas principais características das tradições religiosas politeístas? Converse com os colegas e elaborem coletivamente uma resposta.

____

____

____

____

____

DE AGOSTINI/GETTY IMAGES

Jano, deus romano cultuado por representar as transformações durante a vida. Suas duas faces olham para lados opostos: uma vislumbra o que está por vir, o futuro; a outra enxerga o que ficou para trás, o passado. Jano era considerado, também, o mediador das preces dos seres humanos aos outros deuses. Na foto, escultura do deus Jano exposta no Museu Arqueológico do Teatro Romano, em Verona.

Monoteísmo

Nos dias atuais, o Cristianismo – fé mais professada em todo o mundo – centra-se na figura de Jesus Cristo. Na foto, vista panorâmica da passarela da fé, parte do conjunto arquitetônico do Santuário de Nossa Senhora da Conceição Aparecida, em Aparecida (SP), em 2021.

SANDRA MORAES/SHUTTERSTOCK.COM

Outra concepção do Transcendente é a monoteísta, ou seja, a crença na existência de uma única divindade. O **monoteísmo** surgiu no Oriente Médio e, nos dias atuais, seus grandes representantes são o Judaísmo, o Cristianismo e o Islamismo.

O **Judaísmo** foi se formando ao longo de muitos séculos. Por volta do século IV, já se apresentava como sistema religioso estruturado. Na experiência do povo de Israel, Javé é um deus que faz justiça e que se preocupa com o ser humano, tanto que fez uma aliança com Abraão, considerado pelos judeus o fundador da tradição religiosa judaica. Com o Judaísmo, estabeleceu-se uma nova percepção da divindade: um Deus único, que dialoga com o ser humano.

No **Cristianismo**, de todas as denominações de Deus, a que chama mais atenção foi a proferida por Jesus, quando se dirigiu a Deus como *Abba*, termo da língua aramaica que expressa afetividade e significa "papai". A fé cristã professa que o Deus criador enviou à Terra seu filho Jesus, como o Messias, o Salvador. Sua principal mensagem é a da primazia do amor a Deus sobre todas as coisas, e ao **próximo**. Para os cristãos, o Transcendente corresponde a uma trindade, da qual fazem parte Deus – o pai e Criador –, Jesus Cristo – o filho e Redentor –, e o Espírito Santo – o santificador.

Próximo: qualquer ser humano; semelhante.

Fundado pelo profeta Maomé (c. 570-632), na cidade de Meca, na Península Arábica, o **Islamismo** professa a fé num único Deus transcendente, soberano e amoroso, a quem se deve obediência. A palavra "islã", em árabe, significa "submeter-se de forma absoluta à lei e à vontade de Deus, chamado de Alá". Seus seguidores são denominados muçulmanos, isto é, "aqueles que se submetem a Deus, que se entregam a Deus".

4 O termo utilizado por Jesus ao se referir a Deus – *Abba* – reflete o modelo de relacionamento entre Pai e Filho. Em duplas, conversem sobre que modelo é esse e identifiquem como ele influencia a experiência dos cristãos com Deus e com as outras pessoas.

EM GRUPO

Em grupos, criem, em vídeo curto, breves definições para **animismo**, **politeísmo** e **monoteísmo**. Depois, reproduzam a cena gravada para os demais colegas.

DICA

Há ferramentas digitais, gratuitas, para criar desenhos acompanhados de narração em um vídeo.

ARTE QUE ENCANTA

Na tradição religiosa cristã, entende-se que Jesus se comprometeu com a vontade do Pai, o Deus da Vida. Por isso veio ao mundo: nasceu, viveu e sofreu a morte de cruz, imposta pelo poder político e religioso da época. Assim, ao se manifestar na fragilidade de um corpo humano, Deus se revela comprometido com tudo o que afeta a humanidade.

Para os cristãos, não há outra forma de encontrar Deus a não ser com os pés fincados no chão da história, com suas possibilidades e limites, bem como na relação com os outros e a natureza.

Madona: representação de Nossa Senhora na arte, principalmente em esculturas e pinturas.

A obra a seguir, intitulada **A madona e o menino com a serpente**, do pintor barroco italiano Michelangelo Merisi, conhecido como Caravaggio (1571-1610), representa Maria segurando Jesus ainda menino e acompanhada de sua mãe, Ana. Juntos, Maria e Jesus pisam em uma serpente, que simboliza todo tipo de mal que pode atingir o ser humano.

GALLERIA BORGHESE, ROME, LAZIO, ITALY

A madona e o menino com a serpente, de Caravaggio. 1606. Óleo sobre tela. 292 cm × 211 cm. Galeria Borghese, Roma, Itália.

A fé cristã tem como referencial a pessoa de Jesus Cristo. Como filho de Deus, ele desenha sua trajetória no mundo e na história, de Belém a Jerusalém, ou seja, do nascimento à morte e à ressurreição. Jesus nasce, morre e ressuscita por amor à humanidade.

Na página seguinte, observe outra obra de Caravaggio, intitulada **A incredulidade de São Tomé**. A tela retrata o episódio bíblico em que o apóstolo Tomé duvidou das aparições de Cristo depois da ressurreição. Em resposta, Cristo pediu a Tomé que tocasse em suas feridas. A composição foi construída pelo artista de modo a levar o olhar do espectador ao centro da tela, em que se retrata a feição e a postura duvidosas de Tomé.

SCHLOSS SANSSOUCI, POTSDAM, BRANDENBURG, GERMANY

A incredulidade de São Tomé, de Caravaggio. c. 1602-1603. Óleo sobre tela. 107 cm × 146 cm. Palácio de Sanssouci, Potsdam, Alemanha.

1 Identifique aspectos da fé cristã ressaltados nas duas pinturas.

____

____

____

____

2 Leia a afirmação a seguir e faça uma paráfrase com base no que você aprendeu nesta seção.

> Na experiência religiosa cristã, os mistérios da cruz e da encarnação são complementares, pois ambos enfatizam a humanidade e a divindade de Jesus. O mistério da encarnação é a humanização de Deus e a divinização do ser humano.

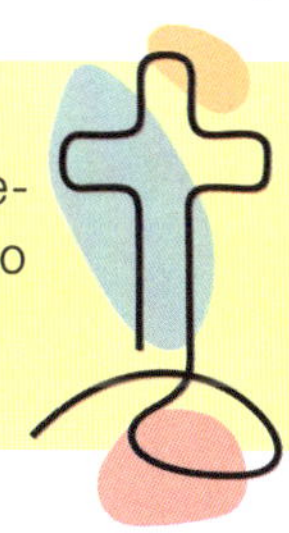

ALEXANDER RYABINTSEV/ SHUTTERSTOCK.COM

____

____

____

____

EM GRUPO

Em grupos, realizem uma pesquisa *on-line* por outras obras de arte que retratem a vida, a morte ou a ressurreição de Jesus. Ao final, compartilhem as imagens com os colegas e a interpretação do grupo para cada uma delas.

DICA

Para montar a apresentação, você pode usar ferramentas digitais gratuitas.

OS POVOS E O SAGRADO

GOODSTUDIO/
SHUTTERSTOCK.COM

Após a morte e a ressurreição de Jesus, seus seguidores se espalharam por diferentes regiões, dentro e fora da Judeia, e fundaram pequenas comunidades em várias cidades. Nessas comunidades, a experiência com o Transcendente foi vivida com a expressão do amor para com todos os irmãos.

> Se vocês tiverem amor uns aos outros, todos vão reconhecer que vocês são meus discípulos.

EVANGELHO SEGUNDO JOÃO, CAPÍTULO 13, VERSÍCULO 35. *In*: **Bíblia pastoral**. São Paulo: Paulus, 2015. p. 1314.

O centro da experiência religiosa de cada cristão e da comunidade deve ser a prática do amor. É pelo amor que uma pessoa é capaz de experimentar, de maneira concreta e visível, a união com Deus, de acordo com o que viveu e o que ensinou seu filho, Jesus. É isso que está registrado na Primeira Carta de João.

> Amados, amemo-nos uns aos outros, porque o amor vem de Deus. E todo aquele que ama nasceu de Deus e conhece a Deus. Quem não ama não conhece a Deus, porque Deus é amor. [...]
>
> Amados, se Deus nos amou dessa forma, também nós devemos amar-nos uns aos outros. Ninguém jamais viu a Deus. Se nos amamos uns aos outros, Deus permanece conosco, e o seu amor acontece em nós de forma perfeita. [...]
>
> E nós temos conhecido e temos acreditado no amor que Deus tem por nós. Deus é amor: quem permanece no amor permanece em Deus, e Deus permanece nele.

PRIMEIRA CARTA DE JOÃO, CAPÍTULO 4, VERSÍCULOS 7-8; 11-12; 16. *In*: **Bíblia pastoral.** São Paulo: Paulus, 2015. p. 1500.

WALTER DHLADHLA/AFP

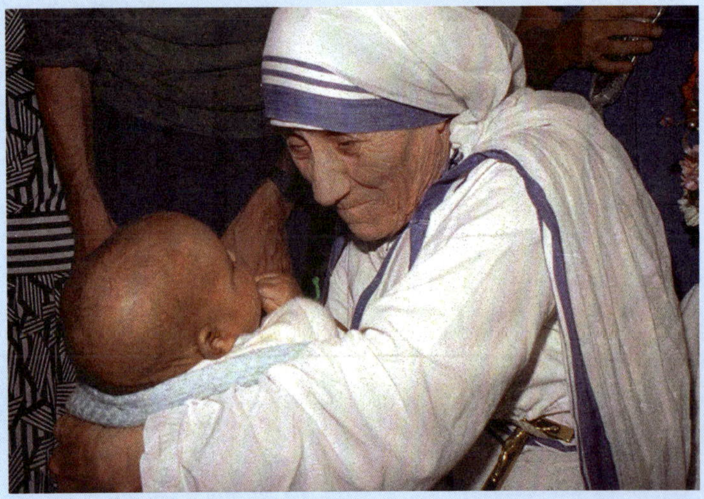

Madre Teresa de Calcutá (1910-1997), um dos grandes exemplos de amor ao próximo do século XX. Na foto, a madre segura um bebê, em registro realizado durante sua visita missionária a Joanesburgo, na África do Sul, em 1988.

- Com base na leitura dos trechos do Evangelho e da Primeira Carta de João, explique que ponto importante da experiência religiosa cristã você aprendeu nesta seção.

O CUIDADO COM O MUNDO

As experiências religiosas e espirituais de qualquer tradição, quando vividas com sinceridade, têm reflexos práticos na relação com os outros e com o mundo.

Leia o texto a seguir, que apresenta o exemplo de Pietari Varpula, um jovem que abandonou o conforto de sua vida para viver na simplicidade de um monastério na Europa e lá decidir como deveria dedicar sua vida à vontade de Deus.

É outono na Europa e, por volta das 18h15, o sol se põe na península de Halkidiki, no norte da Grécia, onde Pietari Varpula, um jovem finlandês de 28 anos, voltava de uma caminhada nos arredores do monastério de Xenophontos. Era o quinto dia de sua vigília: de óculos e barbas já longas, ele abandonou um passado ateu [...] e se converteu ao cristianismo ortodoxo. Também deixou para trás família e amigos para passar uma temporada no alto do Monte Athos, a capital espiritual da Igreja Ortodoxa, a fim de descobrir se deve se tornar um monge, uma decisão que ele atribui à vontade de Deus.

"Tenho quase certeza de que esse será meu destino", disse ele, sentado nas escadas em frente à igreja. "Já deixei tudo para trás, vai ser muito difícil encontrar algo assim por outros lados. Nunca vou ter uma vida tão intensa como aqui", acrescentou. "Se Deus assim quiser" e ele for aceito pelos patriarcas e aprender o grego, que já arranha para acompanhar as liturgias, Varpula poderia ficar para sempre no Athos — e ajudar a rejuvenescer a comunidade de cerca de 2.000 monges, cuja média de idade hoje está estimada entre 45 e 55 anos.

O conterrâneo Federico Mata, 34, não precisou deixar de vez a Finlândia (onde apenas 1% da população se declara ortodoxa). Diácono desde 2015, posição abaixo de padres e bispos na hierarquia, casado e pai de quatro filhos, ele se divide entre o voluntariado nos monastérios do Athos e uma empresa de pisos de madeira que gerencia, a cerca de 20 km da capital finlandesa, Helsinki. [...]

ANDRÉ NADDEO/UOL/FOLHAPRESS

Pietari Varpula no Monastério ortodoxo de Xenophontos, no Monte Athos, Grécia.

NADDEO, André. Se eu quiser falar com Deus. **UOL**, 8 dez. 2022. Disponível em: https://tab.uol.com.br/edicao/monte-athos/#cover. Acesso em: 23 fev. 2024.

1. Com base na reportagem, explique qual foi o objetivo do jovem Pietari Varpula em abandonar a vida na Finlândia e viver em um monastério na Grécia. Converse com os colegas.

2. Há muitas formas de explorar e cuidar de nossa interioridade, além do retiro espiritual. Identifique de que forma é possível explorar vivências espirituais visando ao cuidado com nossa interioridade no cotidiano e compartilhe sua resposta com os colegas.

Para saber mais sobre a origem da Igreja Católica Ortodoxa, acesse o *QR Code*.

https://s.ftd.li/IgrejaOrtodoxa

OUTROS OLHARES

HALIMOD/SHUTTERSTOCK.COM

A experiência religiosa dos muçulmanos tem como fundamentos a vida do profeta Maomé e a revelação de Alá como o Todo-Poderoso, misericordioso e benevolente. De conduta irreparável e fé inabalável, Maomé tornou-se um exemplo para seus seguidores ao mostrar que é possível servir a Alá pelo reconhecimento do divino em si mesmo e pela busca do desenvolvimento interior e espiritual na relação com Ele.

A fé em Alá é o primeiro dever do muçulmano e o fundamento da comunidade islâmica. Alá é o conteúdo único de sua oração litúrgica. Seu livro sagrado, o Corão, é tido como a palavra de Deus, portanto é considerado vivo e sagrado. Nele se encontra todo o conteúdo da fé e da doutrina islâmica. Os muçulmanos acreditam que Alá enviou Maomé, seu maior profeta, para transmitir a mensagem e trazer a verdadeira sabedoria divina para a Terra.

Leia o texto sobre Maomé.

MOFTEZA NIKOUBAZL/NURPHOTO/GETTY IMAGES

Mulheres muçulmanas rezando na Mesquita Jamkaran, na província de Qom, no Irã, em 2022.

“

Como Maomé se tornou chefe de uma religião?

– Inicialmente ele nem pensava nisso. Era um homem discreto e sensível. Devia sentir-se diferente dos outros. Tinha o hábito de retirar-se nas montanhas aos arredores de Meca e refugiar-se numa gruta para pensar e refletir sobre a vida, a natureza, o Bem, o Mal. Ele meditava.

– O que é “meditar”?

– É refletir profundamente, esperando encontrar um sentido para a vida. Há muito tempo, esse verbo significava “cuidar de um doente”. Maomé procurava, no silêncio e na solidão, uma solução para a vida onde alguns são pobres, outros ricos, alguns são sadios, outros fracos e doentes.

– Mas o que ele podia fazer pelos infelizes?

– Ele pensava e procurava uma maneira de torná-los menos infelizes. Um dia, ou melhor, uma noite, quando se encontrava na gruta do Monte Hira, ele teve uma visão, uma intensa e bela luz diante dele; era um importante anjo que lhe pedia para ler. Ele disse-lhe: “Leia”. Mas Maomé, nessa época, com 40 anos, respondeu-lhe: “Não sei ler!”. Não podemos esquecer que ele não frequentou a escola, portanto não sabia ler nem escrever. Então, o anjo, que se chamava Gabriel, ordenou-lhe que repetisse após ele: “Leia em nome do seu Senhor, que tudo criou! [...]”

– O que Gabriel dizia para Maomé?

– Ele dizia que só existe um único Deus, todo-poderoso e muito misericordioso. Ele dizia que é preciso ser fiel à palavra de Deus, e que é preciso acreditar em sua mensagem, que existe uma outra vida após a morte, que o homem será julgado segundo seus atos e que cada integrante da humanidade deverá dar seu testemunho sobre o que fez em vida, que os homens bons e justos serão recompensados com a ida ao paraíso, e que os outros, os maus, os hereges, os criminosos, serão julgados e enviados ao inferno. Ele dizia que é preciso fazer o Bem e evitar o Mal, que é preciso ser sensato e religioso, e que não se deve adorar as pedras e acreditar que existem outros deuses além de Deus.

– Mas nossa professora, que é cristã, nos ensina a mesma coisa!

– Como eu disse, antes do aparecimento da religião de Maomé, havia duas outras religiões: o judaísmo e o cristianismo. Ambas adoram um único Deus. E possuem igualmente profetas:

Moisés e Jesus. Os judeus, os cristãos e os muçulmanos devem formar uma "comunidade única com os religiosos". O islã veio juntar-se a essas duas religiões que são chamadas "monoteístas" ou as religiões do Livro. O livro dos Judeus é a Torá; o dos cristãos, a Bíblia, e o dos muçulmanos, o Corão.

JELLOUN, Tahar Ben. **O Islamismo explicado às crianças**. São Paulo: Unesp, 2011. p. 18-19, 21-22.

ANDRE COELHO/GETTY IMAGES

Homens muçulmanos rezando na Mesquita do Brás, em São Paulo (SP), 2020.

1. Identifique as três religiões monoteístas citadas no texto e seus livros sagrados.

2. De acordo com o texto, explique o que é meditar.

ALÉM DA IMAGEM

A prática religiosa politeísta hindu comporta uma íntima relação das pessoas com a natureza. Não por acaso, o Hinduísmo surgiu e se consolidou às margens do rio Ganges. Nessa tradição religiosa, tudo o que existe tem sua função – até mesmo os resíduos produzidos pelo ser humano e o esterco da vaca, animal sagrado para os hindus.

A Índia, porém, deixou de ser uma sociedade agrária, tornando-se um dos países que mais cresce no mundo. Com isso, aumentam também as interferências na natureza, provocando a contaminação de recursos naturais. Muitos hindus sabem que a natureza está sendo desrespeitada, e o Ganges, o rio sagrado, sofre com a poluição.

Entre 2020 e 2021 – durante o auge da covid-19 – aumentaram, às margens do Ganges, os pontos de cremação de corpos dos mortos em razão da doença. Isso faz parte das crenças religiosas hindus, mas contamina as águas do rio.

As águas do Ganges são consideradas sagradas e atraem milhares de fiéis hinduístas, que ali fazem suas orações. Na foto, indianos rezando no rio Ganges, em 2021, em ritual do Festival Surya Pooja, também conhecido como "adoração ao Sol".

INDRANIL ADITYA/NURPHOTO/GETTY IMAGES

- De que forma o crescimento acelerado da Índia interfere na experiência religiosa dos hindus?

TEIA DO CONHECIMENTO

Neste capítulo, você teve a oportunidade de conhecer e refletir sobre as experiências de algumas tradições religiosas e compreender como se relacionam com a vida cotidiana de seus seguidores. Agora, vamos retomar as principais informações exploradas no capítulo para refletir sobre a experiência fraterna do amor.

DICA
Há oito conceitos no diagrama!

1. Observe atentamente o diagrama e identifique alguns conceitos importantes para a compreensão da experiência fraterna do amor.

g	c	e	d	x	c	q	n	r	m	c	i	d
s	k	l	b	m	p	i	u	e	n	v	o	p
i	é	é	o	z	n	m	a	s	e	f	y	r
r	d	g	n	c	g	u	z	p	q	é	v	o
m	x	w	d	v	b	n	x	e	w	ã	b	t
a	f	r	a	t	e	r	n	i	d	a	d	e
n	u	o	d	z	x	q	f	t	n	o	p	ç
d	m	n	e	f	r	y	q	o	z	d	b	ã
a	c	r	g	â	e	r	t	u	i	c	n	o
d	d	f	g	h	j	k	l	z	x	c	v	b
e	f	g	a	w	p	q	m	e	h	r	i	o
t	r	a	n	s	c	e	n	d	e	n	t	e
r	â	t	f	z	h	i	k	l	s	a	r	o
z	k	r	s	c	u	i	d	a	d	o	l	n

PAUL CRAFT/SHUTTERSTOCK.COM

2. Depois de localizar os conceitos, com a supervisão do professor, forme um grupo e discuta a importância deles para a experiência fraterna do amor e reflita sobre formas de praticar essa experiência na vida cotidiana.

3. Organizem um mapa mental com as principais ideias levantadas pelo grupo.

4. Ao final, compartilhem o mapa mental com os outros grupos e discutam as ideias de todos a respeito da importância do amor fraterno no cotidiano.

DICA
Um mapa mental pode ser criado utilizando frases curtas ou mesmo palavras que sintetizem ideias importantes. Para funcionar como uma ferramenta didática, o mapa deve interligar as ideias relacionadas por meio de flechas ou linhas. É importante lembrar que o mapa deve ser de fácil observação, já que sua função principal é resumir e organizar as ideias discutidas.

CAPÍTULO 2

As linguagens do mistério

TONKTITI/SHUTTERSTOCK.COM

No mistério do Sem-Fim, equilibra-se um planeta. E, no planeta, um jardim, e, no jardim, um canteiro; no canteiro, uma violeta, e sobre ela, o dia inteiro, entre o planeta e o Sem-Fim, a asa de uma borboleta.

MEIRELLES, Cecília. Canção. *In:* **Viagem e Vaga Música**. São Paulo: Fundação Nestlé de Cultura, 1982. p. 184.

NOVOS HORIZONTES

O mistério – inexplicável – é narrado pelo ser humano de diferentes maneiras. A busca por um sentido no mistério nos leva a encontrar a emoção, a poesia, a arte, a natureza, mas também a razão.

A depender do modo como nos posicionamos diante da vida e dos fenômenos que ocorrem a todo instante, tudo está envolto em mistério: desde o crescimento de uma flor até o conhecimento da existência de bilhões de galáxias. Todos esses fenômenos são possíveis – eles acontecem efetivamente –, mas, ao mesmo tempo, podem parecer um grande mistério: aquilo que se pode perceber com os sentidos e o que está além deles.

Sobre o tema, observe a imagem, converse com os colegas e responda.

a) O que é mistério para você?

b) Com base na epígrafe, como Cecília Meirelles define o mistério?

c) Que relação pode existir entre mistério, religião e arte?

CONSTRUINDO SABERES

Mistério, mito e símbolo: o Universo e o Transcendente

A palavra **mistério** tem origem na língua grega, no termo *mysterion*, que etimologicamente significa "calar-se, fechar os olhos". Relacionado a ele se encontra o termo *mystikós*, que significa "a pessoa que foi iniciada no mistério". De forma simples, é possível afirmar que o substantivo **mistério** e o adjetivo **místico** correspondem a uma experiência profunda que envolve toda a existência do ser humano em sua relação com o Transcendente.

Por isso, para nossos estudos, vamos considerar que o mistério é o campo oportuno para transpor nossos limites na busca pelo Transcendente. Cada experiência religiosa apresenta a seu modo a forma como nos relacionamos com o mistério. De maneira geral, ele é revelado ou se torna compreensível por meio dos símbolos e dos mitos.

Os símbolos criados pelos seres humanos tornaram-se expressões de religiosidade, pois as palavras não são suficientes para descrever o indescritível, o mistério. Essa linguagem que expressa a experiência religiosa é encontrada em pinturas, construções, esculturas, túmulos, entre outras criações humanas.

Os mitos são relatos, narrativas de tradição oral, que passam de geração a geração e acabam fazendo parte de uma cultura, com o intuito de explicar o mistério da origem e a organização do mundo e seus diversos significados.

ANDRE DIB/PULSAR IMAGENS

Para os indígenas, o pajé é o líder espiritual e interlocutor entre o mundo natural e o sobrenatural. Na foto, pajé Moisés Piyâko, da etnia Ashaninka, da Aldeia Apiwtxa, localizada em Marechal Thaumaturgo (AC), em 2021.

RENATO SOARES/PULSAR IMAGENS

Os mitos são narrativas que tentam explicar a origem da vida e passam de geração a geração. Nas comunidades indígenas, mitos e lendas são contados oralmente aos mais novos, mantendo viva a cosmovisão do grupo.

Troncos ornamentados por indígenas da etnia Mehinaku na preparação para o ritual do quarup, que celebra a memória dos mortos, no Parque Nacional do Xingu (MT), em 2022.

RENATO SOARES/PULSAR IMAGENS

AMPLIANDO

O quarup é um ritual realizado geralmente no mês de maio, em noite de lua cheia, por povos indígenas que habitam a região do Parque Indígena do Xingu, no estado de Mato Grosso. Nesse ritual, a memória dos mortos é homenageada. Durante o dia, ornam-se troncos de madeira representando os espíritos dos mortos e, à noite, ocorre o rito da dança do fogo.

Para conhecer mais sobre o quarup, acesse o *QR Code*.

https://s.ftd.li/Kuarup

EDITORIA DE ARTE

1. Elabore uma frase que sintetize o que você compreendeu sobre a relação entre mito, símbolo e mistério.

O ser humano na mística religiosa

No relato da criação das tradições religiosas judaica e cristã, o ser humano é visto como imagem e semelhança de Deus. Já no Budismo, ele é uma forma de vida interdependente de outras formas de vida. Para os povos Tupi-Guarani, o ser humano é composto dos elementos mineral, vegetal e animal, e, por isso mesmo, também interdepende deles. Nas tradições afro-brasileiras, o ser humano é compreendido como descendente de seres sagrados, herdando deles seus defeitos e suas qualidades.

No entanto, para além do conceito de ser humano, as tradições religiosas apresentam visões muito diversas de mundo e de sociedade. Algumas, como a tradição hindu, têm como fundamento a experiência mística.

Mistério e misticismos

Como vimos anteriormente, um dos modos de expressar o mistério é por meio da experiência mística, aquela que acontece no íntimo do ser humano, quando ele se deixa impactar pelo Transcendente. A mística hindu, por exemplo, é fundamentada na realização espiritual plena e na comunhão do cosmos com a divindade. A mística muçulmana baseia-se na submissão e na busca de harmonia na relação com Alá. A mística judaica consiste na fidelidade ao Senhor e à sua lei. Na mística cristã, busca-se na vida de Jesus Cristo o exemplo para a própria vida.

Os místicos são pessoas que se encantam e ficam admiradas com a profundidade do mistério, ou seja, são indivíduos que vivem do encontro pessoal com o Transcendente. Eles vivenciam o mistério no êxtase dos acontecimentos mais simples do cotidiano, por isso não vivem alienados da realidade. Muitos deles, ao olharem para o mundo na perspectiva do Transcendente, mantêm os pés no chão e se engajam na luta por uma sociedade mais justa e fraterna, que esteja de acordo com as aspirações mais profundas e verdadeiras do ser humano.

A experiência mística pode ser também compreendida como misticismo. Para alguns teólogos, o termo misticismo traduz essa relação profunda do ser humano com o mistério divino; para outros, porém, ele se fundamenta numa relação mágica e ingênua com o Transcendente, sendo considerado sinônimo de crendice, magia e superstição.

Na Comunidade Taizé, grupo ecumênico francês, as pessoas buscam uma experiência que lhes dê força e coragem no enfrentamento dos desafios cotidianos. Na imagem, evento organizado pela Comunidade Taizé na Breslávia, Polônia, em 2019.

KRZYSZTOF ZATYCKI/NURPHOTO/GETTY IMAGES

As experiências do mistério são tentativas de compreender a relação do ser humano com o sagrado, seja ele transcendente, imanente ou transparente. Sempre que nos referimos a alguma divindade ou a algo sagrado, pensamos em transcendência. E o que são imanência e transparência quando se fala do mistério?

Os três termos dizem respeito a modos de vivenciar o mistério, a divindade e o sagrado, sem se prender a imagens criadas pelas tradições religiosas e seus seguidores.

A **transcendência** possibilita uma experiência da divindade que ultrapassa todo o conhecimento e compreensão. Ela é o mistério que supera qualquer experiência humana.

A **imanência** é o contrário, ou seja, é a realidade que ocupa um lugar sagrado. É a experiência da divindade como algo totalmente próximo e presente na realidade da vida. Tudo é permeado desse mistério divino. Sob a ótica da imanência, o sagrado está em tudo, mas não é tudo. Tudo o que é percebido pelos sentidos é dotado de sacralidade e mistério, e todos os seres devem ser autônomos e livres.

VALERY BROZHINSKY/SHUTTERSTOCK.COM

ALESHYN_ANDREI/SHUTTERSTOCK.COM

Para que não haja risco de a divindade ser excluída do mundo, posta em lugar à parte, na transcendência, ou confundida com as coisas do mundo, na imanência existe a experiência da **transparência**, que une as duas outras. Na transparência, a divindade está dentro do mundo e o mundo está dentro da divindade, sem exclusão nem confusão. A divindade é real e concreta, pois não está fora do mundo nem é limitada por ele.

Para o teólogo brasileiro Leonardo Boff (1938-), a definição de imanência, transparência e transcendência está presente na fé cristã, em que Jesus, um camponês e artesão mediterrâneo (imanente), viveu de tal modo (transparente) que nos permitiu vislumbrar Deus (Transcendente).

2 Diferencie a experiência mística de misticismo.

____

____

____

____

3 Sintetize com suas palavras o que são transcendência, imanência e transparência.

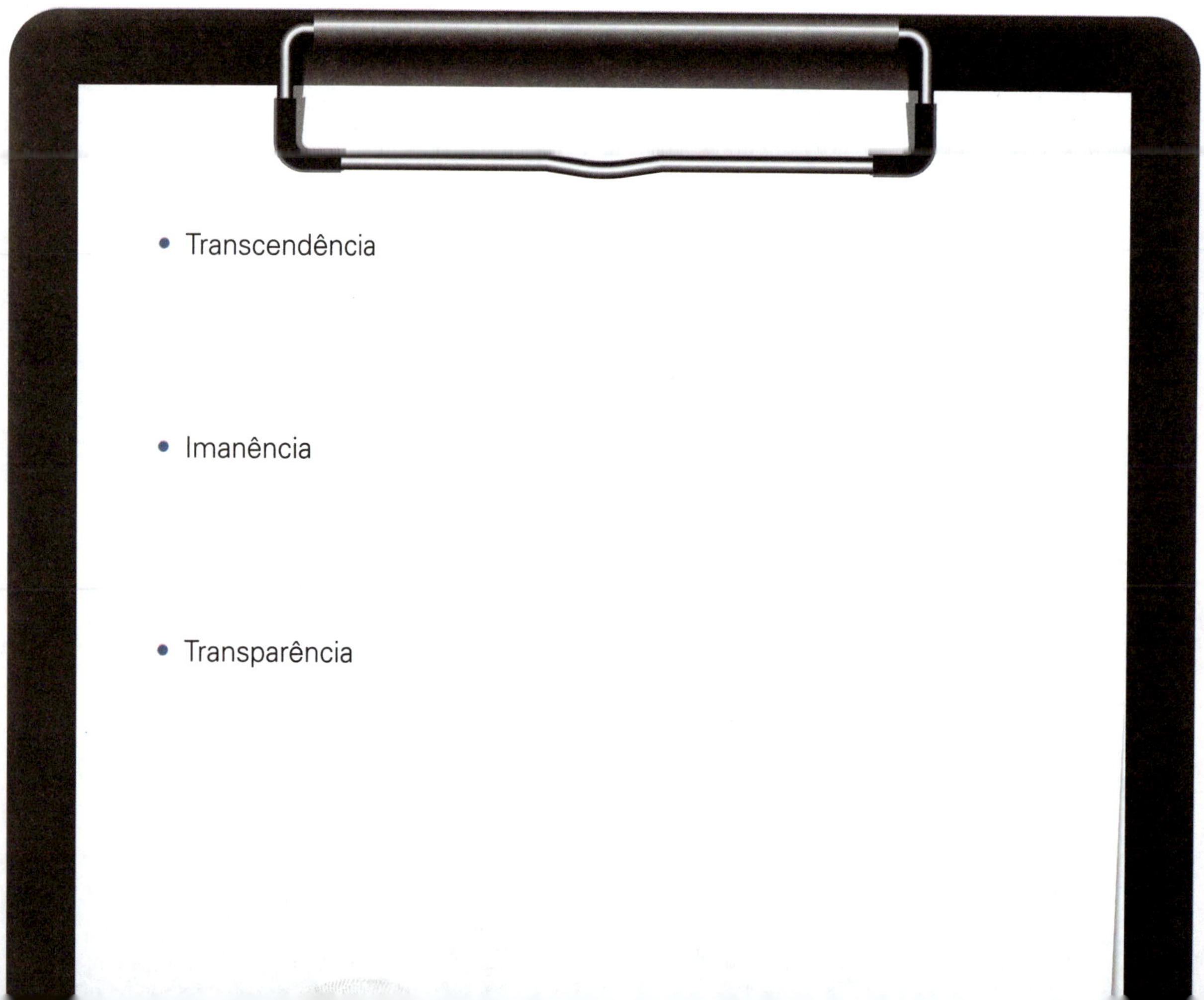
GREBESHKOVMAXIM/SHUTTERSTOCK.COM

- Transcendência

- Imanência

- Transparência

DIÁLOGOS

A magia pode ser considerada uma forma de misticismo. O Universo está, nesta concepção, repleto de forças controláveis por meio de invocações e cerimônias. Para os antigos mesopotâmicos e egípcios, por exemplo, não havia distinção entre magia e medicina. Os gregos a exercitavam em festividades e cerimônias religiosas, e durante o Império Romano foi registrado um grande número de praticantes de magia. Na Idade Média, a Igreja Católica rejeitou a magia por julgar que ela se relacionava aos demônios. No Renascimento, as práticas de magia passaram a ser consideradas ocultismo e, por isso, foram menos estigmatizadas.

MAURO AKIIN NASSOR/FOTOARENA

Ao redor do mundo, há feiras específicas que vendem ervas medicinais utilizadas em tratamentos caseiros e também em rituais mágicos, próprios de algumas religiões. Na foto, vista do mercado Ver-o-Peso – conhecido por comercializar ervas medicinais, em Belém (PA), 2020.

EM GRUPO

Em grupos, explicitem o papel do elemento religioso na vida dos colegas de classe. Para isso, escolham cinco colegas e perguntem a eles qual a importância da religião na vida deles. A entrevista pode ser anônima, isto é, você não deve revelar o nome do colega respondente, a menos que ele consinta.
Após ter as cinco respostas, montem uma apresentação para mostrar para a turma os seus achados.

DICA

Você pode criar as apresentações por meio de ferramentas digitais gratuitas de edição. Caso não seja possível, faça a apresentação em cartazes de cartolina e exponha-os para a apreciação da turma.

ARTE QUE ENCANTA

Os seres humanos expressam sua religiosidade não apenas em rituais, mas também por meio de símbolos e da arte. No Budismo tibetano, por exemplo, a arte de fazer mandalas é compreendida como uma experiência mística e um caminho para o crescimento espiritual.

A palavra **mandala** vem do sânscrito e significa "círculo". O círculo que compõe as mandalas é considerado um diagrama que representa uma morada sagrada. Para representar os elementos sagrados do Budismo, os monges artesãos organizam o círculo com simetria, fazendo uso de cores, linhas, formas e figuras.

A simetria, os detalhes e o cuidado compõem a técnica para a criação das mandalas. Para os monges tibetanos, aprender a criar mandalas faz parte do aprendizado da própria religião: enquanto as produzem, os monges retomam e memorizam os textos e preceitos do Budismo, que são representados na estrutura da mandala. Além disso, eles praticam a concentração e a meditação durante a produção desse tipo de diagrama artístico.

Nas práticas budistas, portanto, produzir uma mandala, ou seja, fazer arte, é um modo de praticar os ensinamentos dessa religião, tornando a arte uma experiência mística além de artística.

DEEPAK SANSTA/HINDUSTAN TIMES/GETTY IMAGES

Monges budistas tibetanos construindo mandala de areia colorida em mosteiro na cidade de Ximelá, na Índia, em 2017.

Nas diferentes escolas e vertentes do Budismo, as técnicas para a criação de mandalas variam. Elas podem ser pintadas em tecido de algodão com tintas à base de água e pigmentos naturais, podem ser tridimensionais, esculpidas em madeira ou cravadas em metal, e podem ser feitas com areia. Quando feitas com areia, as mandalas são desmontadas assim que finalizadas, e a areia é lançada nas águas de um rio. Essa prática destaca o preceito budista da **impermanência** de todas as coisas.

Impermanência: aquilo que não se mantém de maneira permanente; temporariedade. Para o Budismo, é o conceito de que tudo tende a acabar ou se transformar em outra coisa; efemeridade, inconstância.

1. Por que a arte de fazer mandalas é ao mesmo tempo uma prática artística e uma prática religiosa?

____

____

____

A experiência mística budista se dá também pela prática dos ensinamentos de Buda. Ainda hoje, o Zen-Budismo utiliza os *koans*, pequenas parábolas que são como instrumentos para expandir o conhecimento dos conceitos budistas e provocar o encontro do ser humano com a própria natureza.

Leia a seguir um *koan* compilado pela monja Coen, religiosa zen-budista brasileira.

“

Uma xícara de chá

Um mestre japonês durante a Era Meiji (1868-1912) recebeu um professor universitário que veio inquirir sobre o zen. Este iniciou um longo discurso sobre seus estudos formais. Havia lido e se debruçado sobre os grandes tratados budistas e falava acerca deles com desenvoltura.

O mestre zen, enquanto isso, serviu o chá. Encheu completamente a xícara de seu visitante, e continuou a enchê-la, derramando chá pela borda.

O professor, vendo o excesso se derramando, não pôde mais se conter e disse:

– Está muito cheio. Não cabe mais chá!

– Assim como esta xícara – disse o mestre –, você está cheio de suas próprias opiniões e especulações. Como posso eu lhe demonstrar o zen sem você primeiro esvaziar sua xícara?

”

ELINA LI/SHUTTERSTOCK.COM

MONJA COEN. Uma xícara de chá. *In*: **108 contos e parábolas orientais**. São Paulo: Academia, 2015. p. 73.

2 Por que o mestre zen considerou que o professor universitário precisava primeiro esvaziar-se de seus conhecimentos prévios para que ele, então, pudesse lhe demonstrar o zen? Converse com os colegas.

3 Relacione a arte de fazer mandalas e a mensagem do *koan* “Uma xícara de chá”. Converse com os colegas.

BIOGRAFIA

MAYCON SOLDAN/FOTOARENA

Cláudia Dias Baptista de Sousa, conhecida como **monja Coen**, nasceu em São Paulo, em 1947. Durante a juventude, trabalhou como jornalista, mas, em 1970, mudou-se para Los Angeles, cidade dos Estados Unidos, onde iniciou seus estudos em prática zen. Em 1983, entrou para o Mosteiro Feminino de Nagoia, Japão, onde se graduou como monja especial. Retornou ao Brasil em 1995 e foi nomeada presidente da Federação das Seitas Budistas do Brasil. Atualmente, a monja dedica-se a dar palestras, bem como a participar de reuniões e diálogos inter-religiosos, além de promover projetos de interesse ambiental e de paz.

Para saber mais sobre a monja Coen, acesse o *QR Code*.

https://s.ftd.li/MonjaCoen

OS POVOS E O SAGRADO

Em algumas tradições religiosas, o mistério se expressa também por meio de textos considerados sagrados ou revelados para a tradição religiosa à qual pertencem. É o caso do Cristianismo, do Judaísmo e do Islamismo.

Ocorre que, às vezes, há distorções na interpretação desses textos por parte de alguns seguidores, que não levam em consideração o caráter histórico em que eles foram escritos nem percebem que são fruto de uma cultura. Nesse caso, pode haver deturpação da mensagem ou da sua utilização para manipular situações e pessoas: é o que chamamos de **leitura fundamentalista**. Leiam o alerta que a Conferência Nacional dos Bispos do Brasil (CNBB) faz.

CHAYANUPHOL/SHUTTERSTOCK.COM

Devemos ler os ensinamentos sagrados sem distorcê-los. Para isso, é importante saber o contexto cultural em que foram escritos e, também, estudá-los e refletir sobre eles, evitando gerar violência.

[...]

A leitura fundamentalista não é adequada porque parte do princípio de que a Bíblia, sendo Palavra de Deus, deve ser lida ao pé da letra em todos os seus detalhes, como se esse fosse o único jeito de considerar verdadeira a sua mensagem. Mas a Bíblia não é um livro escrito para ensinar ciências exatas nem História (como aprendemos na escola). Ela tem estilos literários diversos e a sua mensagem teve que ir sendo comunicada a partir do que as pessoas estavam vivendo e conseguindo entender em cada fase do desenvolvimento da sua cultura. Ao ler um texto bíblico, a melhor pergunta não é: isso aconteceu assim mesmo? A pergunta importante é: o que isso quer me comunicar sobre a minha vida, minhas decisões, minha fidelidade a Deus? [...]

DA CRUZ, Therezinha Motta Lima. Os perigos da leitura fundamentalista. **CNBB**, 13 mar. 2018. Disponível em: https://www.catequesedobrasil.org.br/noticia/os-perigos-da-leitura-fundamentalista. Acesso em: 23 fev. 2024.

- Aponte os perigos de uma leitura fundamentalista dos textos sagrados.

O CUIDADO COM O MUNDO

A experiência mística exige e proporciona, por meio da comunhão com o Transcendente, uma postura de abertura ao outro, muitas vezes desconhecido. Essa abertura frequentemente surpreende ou choca.

Como você estudou, uma das formas de se relacionar com o mistério é por meio da experiência mística. No encontro com o Transcendente, a vida do místico é impactada por essa presença. Em muitos casos, essas pessoas se engajam como voluntários em projetos sociais. Veja o exemplo do padre Camilo Pauletti.

De Nova Roma do Sul (RS) até Moçambique. [...] Padre Camilo Pauletti, 63 anos, esteve pela segunda vez no continente africano. Foram 14 meses de ações comunitárias com o povo de uma das regiões mais pobres do mundo.

[...]

Em 1999, padre Camilo teve sua primeira missão internacional, em Moçambique, na África:

– Quando cheguei, vi que a realidade era diferente do que esperava. Moçambique era o penúltimo país mais pobre do mundo, com média de vida de 38 a 40 anos, hoje passa dos 50. Mas quando temos vontade de conviver com o povo isso ajuda muito. Vim desarmado. Quando se chega a uma terra como esta, nós somos hóspedes, não somos donos. Precisamos andar e aprender com o povo para colher frutos. O povo africano me conquistou, fui conquistado por eles.

ACERVO DIOCESE DE CAXIAS DO SUL

Padre Camilo Pauletti celebrando missa em Moçambique, em 2022.

[...]

Além de duas visitas à África e uma no Pará, o padre Camilo ainda realizou missões em Rondônia, de 2009 a 2010, e por mais cinco anos esteve em Brasília. A frase "o futuro a Deus pertence" nunca foi tão apropriada para definir os rumos do padre Camilo, segundo ele mesmo.

– Deus vai iluminando meu caminho, mas sou uma pessoa muito aberta. Viemos a este mundo e cada um vai ter um caminho, mas Deus também tem uma missão para nós. Nós somos instrumentos de Deus. Onde ele me abre espaço e onde for mais necessário, onde outros talvez não queiram ir, onde for mais exigente, é ali que eu devo colaborar. [...]

RINALDI, Rafael. "A vida vale a pena quando é vivida na doação", diz padre de Nova Roma em missão na África. **Pioneiro Geral**, 3 nov. 2022. Disponível em: https://gauchazh.clicrbs.com.br/pioneiro/geral/noticia/2022/11/a-vida-vale-a-pena-quando-e-vivida-na-doacao-diz-padre-de-nova-roma-em-missao-na-africa-cla1grq1n008m014uu5fnk244.html. Acesso em: 23 fev. 2024.

Para saber mais sobre o trabalho missionário do padre Camilo Pauletti, acesse o *QR Code*.

https://s.ftd.li/PadreCamilo

1. Com base no texto, explique como a experiência do padre Camilo na África pode ser entendida como mística. Converse com os colegas.

2. Identifique e comente oralmente a forma como o religioso justifica sua opção pelo caminho do voluntariado.

OUTROS OLHARES

É bastante comum, em praticantes de diferentes tradições religiosas, encontrarmos traços de um misticismo compreendido como superstição. Muitas vezes, trata-se de um misticismo que pode se restringir ao imaginário da pessoa, como uma espécie de autodefesa contra os males do mundo. Há pessoas que aderem ao misticismo sem compromisso com uma tradição religiosa e sem conhecer os rituais, fazendo uma interpretação própria de elementos religiosos.

Sobre isso, leia a reportagem a seguir.

As tradições e superstições de *Réveillon* são práticas repetidas a cada ano por muita gente. Tudo para que, a partir de 1º de janeiro, a sorte esteja sempre ao lado. E não repetir é sinônimo de falta de sorte nos 12 meses seguintes. É por isso que no dia 31 de dezembro pode ser difícil encontrar uma casa em que ninguém esteja usando roupas brancas. O mesmo vale para as praias, nas quais sempre há pessoas pulando sete ondinhas quando o relógio marca meia-noite. [...]

Confira algumas tradições e superstições de *Réveillon*:

1. Pular sete ondinhas

A cena, que já é conhecida de muitos, é um clássico da virada do ano: a praia lotada e todo mundo na beira do mar, pulando as ondas, fazendo desejos e pedindo por proteção. [...]

Alguns adeptos acreditam que cada ondinha deve ser um agradecimento a alguma graça ou conquista do ano que está indo embora, outros defendem que o momento é para fazer sete novos pedidos para o ano que está por vir. Tem pessoas, inclusive, que preferem pular 12 ondas, uma para cada mês do ano. [...]

2. Usar roupa branca

Essa talvez seja uma das superstições de Ano-Novo mais conhecidas e realizadas pelos brasileiros. Segundo aqueles que acreditam na prática, passar a virada do ano usando roupa branca atrai paz e proteção espiritual para o ano que está por vir. [...]

Nesta mesma linha, outra superstição de *Réveillon* famosa é a de usar peças de roupas, podendo ser até íntima, de determinadas cores para realizar alguns desejos para o próximo ano. O vermelho atrair paixão, e amarelo para atrair dinheiro, por exemplo. [...]

3. Limpar a casa

Muitas pessoas acreditam nesta superstição que garante uma virada mais leve e um ano mais tranquilo. A tradição consiste em fazer uma boa faxina dias ou momentos antes da virada do ano, para passar o *Réveillon* com a casa limpa.

– Essa prática é uma limpeza física e energética que fala muito sobre abrir espaço para que o novo entre. [...] Eu costumo colocar as músicas que me deixam em contato com a minha espiritualidade [...] – conta a oraculista Camila Loppes. [...]

4. Colocar folha de louro na carteira

O louro é considerado, em muitas culturas, como o símbolo da vitória e do sucesso. Alguns povos da Idade Média costumavam usar o louro como enfeite nas celebrações, para simbolizar e atrair fortuna.

Aqui, no Brasil, além de ser usada como tempero, a folha de louro também é utilizada como símbolo de fortuna. Muitas pessoas gostam de começar o ano com uma folha de louro na carteira, para atrair dinheiro e sucesso. Para funcionar, porém, alguns acreditam que a folha deve permanecer intacta e intocável durante os próximos 365 dias, até ser trocada por uma nova. [...]

CINCO tradições e superstições de Réveillon. **GZH**, 21 dez. 2022. Disponível em: https://gauchazh.clicrbs.com.br/comportamento/noticia/2022/12/cinco-tradicoes-e-supersticoes-de-reveillon-para-ter-sorte-clby5r8wk000s0182al9aajpl.html. Acesso em: 23 fev. 2024.

Agora, observe a tirinha.

ALEXANDRE BECK

- Com base na leitura do texto e da tirinha, responda.
  a) Identifique os principais objetivos das pessoas que praticam as superstições de Ano-Novo.

  ____

  ____

  b) Na tirinha, Armandinho se mostrou supersticioso? Justifique sua resposta.

  ____

  ____

  ____

  c) Avalie que superstições são positivas para as pessoas na experiência cotidiana.

  ____

  ____

  d) Além das superstições descritas no texto, quais outras você conhece? Compartilhe com os colegas.

DIÁLOGOS

Qual é a diferença entre Astrologia e Astronomia? A Astrologia é o estudo dos astros e sua influência sobre o planeta Terra e as pessoas, inclusive sobre a personalidade. Já a Astronomia é uma ciência, um ramo da Física que se ocupa do estudo dos astros e seus movimentos no espaço. É importante observar, porém, que na Antiguidade as duas andaram de mãos dadas. Na Babilônia, os sacerdotes começaram a estudar os astros, pois entendiam que os deuses se comunicavam por meio dos movimentos dos planetas. Foi com o surgimento da Ciência Moderna que ocorreu a progressiva separação entre Astronomia e Astrologia.

BRIDGEMAN IMAGES/EASYPIX BRASIL

Até o desenvolvimento da Ciência Moderna, Astronomia e Astrologia estavam interligadas. A imagem mostra um detalhe de um mapa do século XVII com a representação dos signos do zodíaco.

ALÉM DA IMAGEM

Algumas sociedades atribuem juízo de valor a tradições culturais e religiosas, considerando-as inferiores ou menos importantes. Esse tipo de visão de mundo dilacera as relações com o outro em suas diferenças. Tais juízos de valor surgem quando não se é capaz de compreender ou aceitar a diversidade.

Muitas vezes fundamentadas no preconceito, atitudes de desmerecimento de tradições religiosas provocam perseguições, violência e intolerância, como a série de ataques que os terreiros de tradições religiosas africanas sofrem.

A fotografia a seguir mostra o Terreiro de Salinas, no litoral sul de Pernambuco, que foi incendiado após um ataque de racismo religioso em janeiro de 2022. Observe-a e responda ao que se pede.

ACERVO TERREIRA DE SALINAS

O Terreiro de Salinas, em São José da Coroa Grande (PE), foi alvo de incêndio criminoso em 2022.

- De que forma a situação representada na imagem ameaça a experiência do mistério no Brasil? O que pode ser feito para combater esse tipo de situação?

TEIA DO CONHECIMENTO

Como você pôde perceber no estudo deste capítulo, o ser humano busca compreender e desvendar as diversas faces do mistério. Por trás dessas múltiplas faces e linguagens, estão visões de mundo, bem como concepções antropológicas e cosmológicas.

Por meio das linguagens do mistério, o ser humano pode ter uma percepção mais real de si, do outro e do Transcendente.

- Agora, sob a supervisão do professor, em grupos, sigam o roteiro a seguir para retomar os principais conceitos estudados no capítulo e elaborar um quadro sintetizando o que aprenderam.

1 Retomem os seguintes conceitos: mística, misticismo, imanência e transcendência. Discutam o significado desses conceitos e elaborem uma definição curta para cada um deles.

2 Utilizem as definições para a composição do quadro. Este deve apresentar de forma clara os conceitos e trazer exemplos que ajudem a compreendê-los. Além disso, selecionem uma imagem para representar cada conceito. Não esqueçam de elaborar uma legenda para a imagem, explicando sua escolha.

GROUND PICTURE/SHUTTERSTOCK.COM

Em uma roda de conversa, não há hierarquia: todos têm direito de dar sua opinião e participar livremente do momento.

3 Mostrem para a turma o quadro elaborado e verifiquem as informações apresentadas pelos colegas.

4 Para encerrar a atividade, sob a supervisão do professor, organizem uma **roda de conversa** na sala para discutir a importância da experiência mística na vida cotidiana e a maneira como ela pode ajudar os indivíduos a lidarem com dificuldades do dia a dia.

CAPÍTULO 3

Vida e morte

HADYNYAH/E+/GETTY IMAGES

Vida-morte é um processo incessante de transformação. O ritual do fim da vida é importante. Para os que morrem, para os que vivem. Fechamos um círculo. [...]

MONJA COEN. Arte de morrer. **Zendo Brasil**, 2014. Disponível em: https://doceru.com/doc/e05xxsn. Acesso em: 1 abr. 2024.

NOVOS HORIZONTES

Ao longo da história, as religiões sempre se ocuparam da relação entre vida e morte, com seus questionamentos e suas hipóteses, que envolvem o que há além da vida. Em diferentes culturas e religiões, enterrar os mortos é um ritual que expressa a preocupação com o que vai acontecer após o fim da vida terrena.

Sobre o tema, observe a imagem, converse com os colegas e responda.

a) Para você, qual é o sentido da vida?

b) Que relação há entre a vida e a morte?

c) Você acha que o modo como as pessoas lidam com a morte atualmente é o mesmo de tempos atrás? Justifique.

CONSTRUINDO SABERES

Entre uma vida e outra

Cada tradição religiosa tem as próprias explicações para a morte e para a vida após a morte, bem como rituais específicos para esse momento. O ponto que pode ser considerado comum entre elas é a compreensão da morte como um momento de passagem. Conceitos como ressurreição, reencarnação e ancestralidade estão ligados a essa concepção de "passagem", ou seja, de transitoriedade e impermanência. Trata-se da consciência de que tudo passa, muda e se transforma.

A **ressurreição** é a crença na vida eterna, sendo a morte uma passagem. O ser humano passa a viver uma nova vida em Deus. A **ancestralidade** é a crença de que os espíritos dos antepassados, depois da morte, continuam presentes na vida familiar e tribal, garantindo orientação e proteção. A **reencarnação** é a crença de que a pessoa possui um espírito que, após a morte do corpo, continuará sua jornada até renascer em outro corpo.

ROBERTO GALAN/SHUTTERSTOCK.COM

QUETZALCOATL1/SHUTTERSTOCK.COM

No México, é muito popular o costume de homenagear os mortos. De tradição indígena, o evento envolve música, dança, roupas coloridas, máscaras, pinturas corporais e altares com imagens de caveiras decoradas. A celebração ocorre no Dia de Finados e é conhecida como *Día de los Muertos*, em espanhol, que significa "Dia dos Mortos". Nas imagens, meninas desfilam na comemoração do *Día de los Muertos*, na Cidade do México (à direita) e em Tamaulipas (à esquerda), no México, em 2022.

Há pessoas, porém, que acreditam que após a morte não existe nada. Geralmente, elas não seguem nenhuma tradição religiosa e creem que, ao morrer, o ser humano finda sua vida para sempre. Sob essa perspectiva, não haveria nada após a morte.

Hinduísmo

O Hinduísmo tem distintas correntes, mas todas têm em comum a crença de que a vida é parte de um ciclo eterno de nascimentos, mortes e renascimentos. Nessa tradição religiosa, o objetivo maior é libertar-se do ***samsara***, ou seja, o ciclo de reencarnações. O hindu precisa ter um comportamento reto, de justiça, chamado **darma**, para chegar à ***moksha***, que é a libertação desse ciclo de vida e morte, o encontro com o Transcendente.

De acordo com os ensinamentos do livro sagrado *Bagavad-gita*, a imortalidade pode ser entendida de duas formas: a da transmigração da alma ou a libertação da existência física, material.

Ações boas darão frutos de recompensas; ações más darão frutos de punições, em outras reencarnações. Essa é a lei do **carma**, um sistema de causa e efeito que pode ter a duração de muitas vidas até que o aprendizado nessas experiências liberte a alma do ciclo de vida e morte. Existem muitos tipos de céu e inferno na tradição hindu, e geralmente a permanência da alma nesses lugares é temporária.

O ritual fúnebre hindu é bastante simples. Consiste na cremação do corpo em uma **pira**. Após o rito da cremação, ao retornarem para casa, os membros da família tomam banho. Eles ficam em casa de 7 a 40 dias, sem frequentar lugares públicos. Nesse tempo, fazem orações, ingerem alimentos leves e livram-se dos pertences da pessoa que faleceu. Depois de dois dias, as cinzas são recolhidas e lançadas em um rio. O hinduísmo considera que, ao morrer, o indivíduo apenas foi para outro lugar, para outra dimensão, até o momento de uma nova reencarnação ou a libertação definitiva desse ciclo.

Carma: ação ou trabalho que exprime as consequências das coisas feitas pelo ser humano no passado e que determinam o que vai acontecer com ele.
Pira: fogueira na qual se cremam cadáveres.

1 Pense na concepção de vida e de morte da tradição religiosa hindu e elabore um texto sobre o tema no espaço a seguir.

DICA
O texto deve seguir o formato de uma postagem em rede social, por isso deve ser curto e direto.

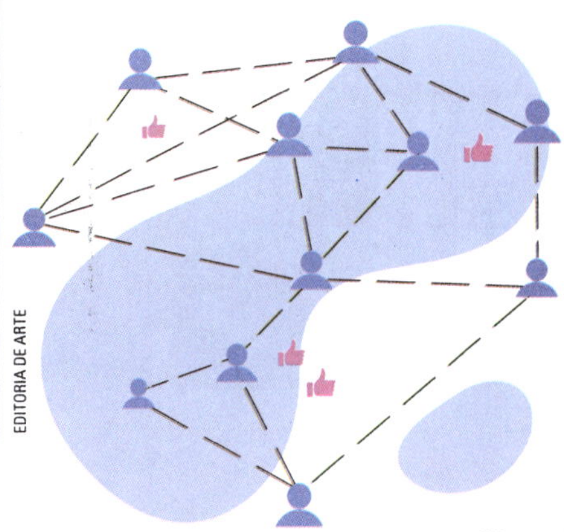

EDITORIA DE ARTE

Tradições afro-brasileiras

Na maioria das tradições afro-brasileiras, como na umbanda e no candomblé, existe o culto aos ancestrais. Por isso, para entender a ancestralidade é necessário compreender a experiência de viver em um clã. O conceito de clã supõe a noção de família estendida: os membros vivos e os que já morreram. Respeitar o clã – seus ancestrais e seu legado – é fundamental. A morte, então, é uma passagem para outra dimensão, em que o espírito do falecido permanecerá junto a outros espíritos do clã.

Por meio de rituais, lembranças, homenagens etc., aqueles que já morreram continuam presentes na existência dos que ainda vivem. Essa prática fundamenta a ética de valorização e cuidado da vida. Em rituais de algumas tradições, a pessoa que faleceu é homenageada com comidas, bebidas, cantos e danças, pois a morte não é o fim, apenas uma continuidade da vida.

Religiões monoteístas

As três maiores tradições religiosas monoteístas – Judaísmo, Cristianismo e Islamismo – creem na **ressurreição** da única e mesma vida, sendo a morte uma passagem para a vida eterna. Com diferentes nuances, mas dentro da mesma lógica, as três tradições monoteístas acreditam na existência do céu e do inferno, como salvação e condenação, recompensa ou punição, respectivamente.

Para os judeus, a morte faz parte da vida, devolvendo o corpo à sua origem: o pó. Por isso, na tradição judaica, os mortos devem ser enterrados e a cremação é proibida. Após a morte, a alma voltará para o Éden ou paraíso: lá entenderá os mistérios da vida e encontrará respostas para suas perguntas, diante do Criador.

Os que continuam nesta vida costumam rezar o *Kadish*, uma oração especial para os entes falecidos, e praticam a caridade – *tsedacá* – doando benfeitorias em nome do ente falecido. O Judaísmo se empenha para educar seus fiéis a comportarem-se de forma digna e justa diante do Criador.

AHMAD GHARABLI/AFP/GETTY IMAGES

Sepultamento em cemitério judeu, no Monte das Oliveiras, em Jerusalém, Israel, em 2023.

GERD-HARDER/SHUTTERSTOCK.COM

Em cemitérios cristãos, é comum observar imagens de anjos e de santos.

Os cristãos acreditam em uma única vida e na alma imortal. Após a morte, a pessoa entra na vida eterna, para o encontro definitivo com Deus. Neste "paraíso", chamado de céu, o ser humano sentirá uma felicidade suprema e definitiva.

O Cristianismo tem como fundamento de fé a crença na ressurreição de Jesus e, consequentemente, na ressurreição dos mortos. Essa esperança impulsiona os seguidores de Jesus a viver uma vida de solidariedade e de busca pela justiça, pela paz, pela igualdade, antecipando, assim, o Reino de Deus, que será pleno apenas no final dos tempos. Para os cristãos, o inferno é um estado definitivo de ausência de Deus, em consequência da ação humana, quando, consciente e livremente, escolhe fazer o mal.

EDUARD GORICEV/SHUTTERSTOCK.COM

Cemitério cristão em São João Del Rei (MG), construído no terreno da Igreja de São Francisco de Assis. Foto de 2022.

No Islamismo, a morte é considerada uma passagem para a vida eterna. Os muçulmanos acreditam na ressurreição dos mortos e no julgamento realizado por Deus no dia do Juízo Final. Deus ressuscitará os mortos para a prestação de contas de tudo aquilo que fizeram (ou deixaram de fazer) nesta vida. As pessoas que entrarem no paraíso ficarão lá eternamente, experimentando paz e total felicidade. No inferno, permanecerão os que tiveram uma má conduta diante de Deus e da humanidade, pagando por suas más ações, e depois entrarão no paraíso, pois Deus é misericordioso. Ainda segundo o Islamismo, um grupo ficará eternamente no inferno, já que não tiveram no coração a mais ínfima porcentagem de crença no Deus Único.

Para os muçulmanos, o ritual fúnebre deve ser rápido. O corpo é preparado em vários banhos de purificação, com água e perfumes, e enrolado em faixas de tecido. Depois, é levado em cortejo até o cemitério muçulmano e enterrado – e não cremado.

ERNESTO REGHRAN/PULSAR IMAGENS

Cemitério islâmico em Londrina (PR).

AMPLIANDO

Por todo o Brasil, é possível observar a arte tumular, também chamada de arte funerária, em cemitérios. Esse tipo de arte tem o objetivo de expressar o sentimento de familiares pela vida e pela morte de um ente querido. Em São Paulo (SP), o Cemitério da Consolação é um exemplo de local de sepultamento que apresenta essa arte.

Para saber mais sobre arte tumular, acesse o *QR Code*.

https://s.ftd.li/ArteTumular

2 Quais são os pontos convergentes nas tradições monoteístas sobre a fé na vida após a morte?

DESIGN PRESENT/SHUTTERSTOCK.COM

DIÁLOGOS

Há inúmeros escritores brasileiros que abordaram o tema da morte, como o paraibano Augusto dos Anjos (1884-1914), conhecido como Poeta da Morte, em poemas como "Psicologia de um vencido" e "Versos íntimos". João Cabral de Melo Neto (1920-1999), escritor pernambucano, retratou no livro **Morte e vida severina** a saga de um retirante nordestino que sai do sertão em direção ao Sudeste do Brasil para buscar melhores condições de vida.

JOÃO CALDAS

Cena da peça teatral **Morte e vida severina**. (Direção geral: Elias Andreato/Produção: Monteforte Produções).

ARTE QUE ENCANTA

PINACOTECA DI BRERA, MILAN, ITALY

Polipítico Valle Romita. Detalhe de São Tomás de Aquino, de Gentile de Fabriano. c. 1400. Têmpera sobre painel. Pinacoteca de Brera, Milão, Itália.

A visão ocidental de céu e inferno foi fortemente marcada pela concepção e prática cristãs da Idade Média. Nesse período, a preocupação com o que aconteceria após a morte era uma realidade que guiava a sociedade.

O que se entendia como céu estaria localizado no alto, como lugar do Transcendente, morada de Deus, para onde iam todos os justos. Deus era representado como um monarca, um rei idoso, sábio e poderoso que, sentado no trono e com um cetro nas mãos, enviava anjos para orientar as pessoas, advertindo-as para se afastarem dos prazeres do mundo material, arrependerem-se dos pecados cometidos e se converterem.

O Cristianismo apresentava uma visão dualista de toda a realidade: corpo e alma, bem e mal, Deus e diabo, cristãos e pagãos, por exemplo. Essa visão dualista, que influenciou os primórdios do Cristianismo, foi sendo superada no fim da Idade Média, graças ao pensamento do teólogo italiano Tomás de Aquino (1225-1274). Segundo esse pensador cristão, não existe alma sem corpo e corpo sem alma, ou seja, a vida é una e integral.

É possível observar essa dualidade própria do pensamento da Idade Média por meio das obras de artistas desse período. A arte medieval retratava fartamente essa concepção, como se pode ver em trabalhos de literatura, pintura, escultura e arquitetura.

Leia um trecho da obra literária **A divina comédia**, do escritor italiano Dante Alighieri (1265-1321), sobre o inferno. Acompanhado do poeta **Virgílio** pelos caminhos do Paraíso até o Inferno, Dante lê gravadas as estrofes abaixo nas portas do Inferno.

Virgílio: poeta romano que viveu no ano I a.C. e foi transformado em personagem na obra de Dante Alighieri.

> Por mim se vai à cidadela ardente,
> por mim se vai à sempiterna dor,
> por mim se vai à condenada gente.
> Só justiça moveu o meu autor;
> sou obra dos poderes celestiais,
> da suma sabedoria e primo amor.
>
> Antes de mim não foi coisa jamais
> criada senão eterna, e, eterna, duro.
> Deixai toda esperança, vós que entrais.

ALIGHIERI, Dante. **A divina comédia**. Belo Horizonte: Itatiaia; São Paulo: Editora da Universidade de São Paulo, 1976. p. 97.

COLEÇÃO PRIVADA

Retrato de Dante Alighieri, de Sandro Botticelli, c. 1495. Óleo sobre tela. 54,7 cm × 47,5 cm. Coleção particular.

1. Transcreva os versos da obra de Dante que explicitam o inferno como lugar.

A palavra **inferno** vem do latim *infernus* e significa "o que está abaixo, inferior". Ou seja, se o paraíso – ou céu – está no alto, o inferno diz respeito ao mundo inferior, localizado, de maneira figurativa, embaixo da terra, no subterrâneo. Na visão medieval, todos os que tivessem uma vida desregrada e pecaminosa, e não se arrependessem, eram condenados ao castigo eterno, à habitação do mal, ao fogo ardente do inferno, lugar de dores e sofrimentos. Essa imagem do inferno também foi reforçada pelas artes na Idade Média. Veja a pintura de Sandro Botticelli (1445-1510) retratando o inferno de Dante Alighieri.

PINACOTECA DI BRERA, MILAN, ITALY

Cena do Canto XVIII da obra **O inferno de Dante**, de Sandro Botticelli. 1485. Guache sobre pergaminho. Museu de Staatliche, Berlim, Alemanha.

2. Descreva o que você vê na representação de inferno de Botticelli.

OS POVOS E O SAGRADO

O **Espiritismo** é uma doutrina que considera a existência de um único Deus, Pai da humanidade.

Sua compreensão da vida após a morte baseia-se em uma visão reencarnacionista, fundamentada em estudos do professor francês Hippolyte Léon Denizard Rivail (1804-1869), cujo pseudônimo foi Allan Kardec. Ela difere das demais tradições monoteístas justamente pela crença na reencarnação do espírito.

Leia o trecho a seguir, de um texto da Sociedade Brasileira de Estudos Espíritas (SBEE), que discorre sobre a reencarnação.

DAVIDTB/SHUTTERSTOCK.COM

A evolução do espírito, que guia a atitudes justas e bondosas, é um conceito do Espiritismo.

Reencarnação é o processo pelo qual o espírito, estruturando um corpo físico, retorna, periodicamente [...]. Esse processo tem como objetivo, ao propiciar vivência de conhecimentos, auxiliar o espírito reencarnante a evoluir. [...]

A Doutrina Espírita trabalha, atualmente, com a hipótese de que o processo reencarnatório envolve os conceitos de missão, provação, expiação e carma. [...]

Missão é a situação na qual o espírito reencarnante aplica conhecimentos internalizados a favor de uma pessoa ou do grupo de sua convivência.

Provação é a situação na qual o conhecimento em processo de acomodação e internalização deve ser vivenciado; é a situação na qual o espírito é desafiado ao limite de seu conhecimento.

Expiação não se refere à aplicação de conhecimento, mas, sim, a uma consequência de um conhecimento aplicado, que provocou consequências difíceis, desagradáveis, muitas vezes dolorosas, que o seu responsável deverá enfrentar. [...]

Para o Espiritismo, carma caracteriza a situação na qual o espírito está enfrentando as consequências de atos seus que lhe provocaram um desequilíbrio muito intenso, tanto em qualidade como em quantidade, e que, pela sua intensidade, o espírito poderá levar toda uma encarnação, ou mais de uma, para recuperar seu equilíbrio. [...]

REENCARNAÇÃO. **Sociedade Brasileira de Estudos Espíritas (SBEE)**. Disponível em: https://www.sbee.org.br/reencarnacao/. Acesso em: 23 fev. 2024.

- Com base no texto, explique a concepção de vida pós-morte da tradição espírita.

O CUIDADO COM O MUNDO

Depois da morte de alguém próximo, o ser humano vive a experiência do luto. O tempo de duração e a intensidade desses sentimentos variam de pessoa para pessoa e dependem de sua fé e de suas crenças, religiosas ou não. Veja como Mirtes Renata Santana de Souza, mãe que perdeu um filho de forma trágica, transformou seu **luto** em **luta** pelo bem dos outros.

Na parede da sala de Mirtes ainda falta um pedaço de reboco que a bicicleta de rodinhas de Miguel arrancou. No quarto que mãe e filho dividiam, ao lado da cama dele, há um adesivo de bola de futebol, lembrança da última festa de aniversário do garoto, torcedor do Sport Club do Recife. [...]

É com a dor que, aos 34 anos, a pernambucana Mirtes Renata de Souza metaboliza o grito de justiça por Miguel, e por outras crianças negras vítimas de violência ou negligência no Brasil.

[...] O filho dela, Miguel, de 5 anos, despencou do 9º andar de um edifício de luxo, onde ela trabalhava como empregada doméstica. No início da tarde de 2 de junho [de 2020], o menino estava aos cuidados da patroa, que hoje responde pelo crime de abandono de menor com resultado de morte.

De lá para cá, a vida de Mirtes deu uma reviravolta. Foram-se os planos que fez com Miguel, vieram outros. Hoje ela está matriculada, com uma bolsa integral, no segundo período da faculdade de Direito, oportunidade que não teve quando era mais jovem.

[...]

O curso superior é um objetivo antigo. Quando adolescente, fascinada por climas e relevos, Mirtes quis ser geógrafa. Agora, quando olha para o futuro, se vê como juíza ou promotora. Além de brigar pela memória do filho, ela espera dar o seu quinhão para modificar uma Justiça que encarcera negros e pobres em proporção muito maior do que brancos.

CLARA GOUVÊA/UOL/FOLHAPRESS

Mirtes Renata, mãe de Miguel.

CAMPOS, Luiz Felipe. Do luto à luta: a saga de Mirtes, mãe do menino Miguel, para combater a violência e o racismo e por justiça. **O Globo**, 3 out. 2021. Disponível em: https://oglobo.globo.com/brasil/direitos-humanos/do-luto-luta-saga-de-mirtes-mae-do-menino-miguel-para-combater-violencia-o-racismo-por-justica-25221990. Acesso em: 23 fev. 2024.

1 De acordo com a reportagem, o que Mirtes decidiu fazer após a morte de seu filho? Converse com os colegas.

2 A morte do filho de Mirtes é um exemplo da banalização da vida no Brasil. Além das ações de Mirtes por justiça, debata com a turma o que mais pode ser feito para valorizar a vida de todos no país.

Para saber mais sobre a jornada de Mirtes Renata Santana de Souza, acesse o *QR Code*.

https://s.ftd.li/FazerDiferenca

OUTROS OLHARES

No Budismo, o conceito de **impermanência** é essencial: nada é permanente ao longo do tempo. A consciência da impermanência do mundo permite ao ser humano se libertar de apegos e, consequentemente, de sofrimentos, uma vez que o apego e a perda lhe causam dor.

Nessa tradição, a noção da impermanência das coisas permite um olhar diferenciado sobre o episódio da morte. Já que na morte as coisas da vida atual ficam para trás, não se apegar a elas equivale a não sofrer. Leia o trecho de uma entrevista com a monja Coen, líder espiritual budista.

BBC: Que conselho você daria para resistir a estes tempos de pandemia? Muita gente diz sentir ansiedade gerada por tanta incerteza. [...]

Monja Coen: Quando a morte está perto, temos que pensar no que é essencial, no que fiz de bom e o que posso fazer com o pouco tempo que me resta – mesmo que sejam 40 anos, porque a vida humana é curta. O que faço com a minha vida? O que é essencial, fundamental?

Alguns fogem para as drogas ou a bebida, todas essas possibilidades estão dentro de nós. Mas temos a capacidade de escolher.

E a meditação pode nos ajudar a fazer escolhas adequadas para nossos propósitos, a ter clareza de consciência de o que estamos escolhendo e aonde a escolha nos leva.

A meditação não é um milagre, mas facilita o autoconhecimento e as decisões adequadas para as situações que vivemos.

[...]

BBC: Muitas pessoas também perderam pessoas queridas para a covid-19.

Monja Coen: Quando alguém morre, eu digo ao parente: você não perdeu nada. Conviveu com uma pessoa querida, essa pessoa deixou memórias maravilhosas em você. Não a mate de novo, ela vive em você.

Uma senhora portuguesa me mandou umas fotos. Tinha perdido uma tia querida para a covid-19 e comprou um buquê de rosas brancas e as jogou ao mar, dizendo um Ave Maria e um Pai Nosso porque é católica. E assim se despediu.

Encontramos formas de nos despedirmos de nossos mortos e de nossas expectativas. Porque o luto não é só pela morte, pode ser pela perda do meu negócio ou de uma relação em que a convivência acabou. [...]

MARTINS, Alejandra. Monja Coen: "Não adianta querer que as coisas sejam como antes, porque a Terra não volta para trás". **BBC**, 21 nov. 2020. Disponível em: https://www.bbc.com/portuguese/brasil-54877292. Acesso em: 23 fev. 2024.

Mulher usando máscara passa por um grafite de Buda também de máscara, no auge da disseminação da covid-19. Mumbai, Índia, 2020. Para o Budismo, um conceito fundamental é a impermanência, a consciência do ser humano de que tudo está em constante mudança.

Agora, leia o trecho de um texto escrito pelo filósofo francês Michel de Montaigne (1533-1592).

> Diz Cícero que filosofar não é outra coisa senão preparar-se para a morte. É assim porque, de certo modo, o estudo e a contemplação retiram nossa alma de nós e a ocupam separada do corpo, o que constitui certo aprendizado da morte e tem semelhança com ela; ou então, é porque toda a sabedoria e a razão do mundo se concentram, afinal, nesse ponto de nos ensinar a não ter medo de morrer.

MONTAIGNE, Michel. **Os ensaios**. São Paulo: Companhia das Letras, 2010. p. 60.

1. De acordo com a monja Coen, explique como os valores budistas podem contribuir para lidar com momentos de dificuldade, como a pandemia de covid-19.

____

____

2. A monja afirma que, na perspectiva budista, a morte de alguém não significa uma perda. Explique esse pensamento.

____

____

3. O filósofo Michel de Montaigne está ligado a uma longa tradição filosófica que refletiu sobre a morte. Relacione as ideias de Montaigne com a visão religiosa do budismo.

____

____

____

____

SAIBA +

A ciência sempre viu a morte como o fim de qualquer forma de vida, quando todas as funções vitais são completamente interrompidas, por causas naturais ou não. Existe a morte clínica, quando cessam os batimentos cardíacos, e a morte cerebral, quando as células nervosas começam a morrer até que as funções do cérebro chegam ao fim. Pesquisas recentes vêm tentando encontrar provas científicas de que há sinais de vida após a morte. Por exemplo, uma pesquisa da Universidade de Illinois, nos Estados Unidos, descobriu sinais de vida em genes do cérebro humano, que despertam com o fim das atividades gerais do corpo.

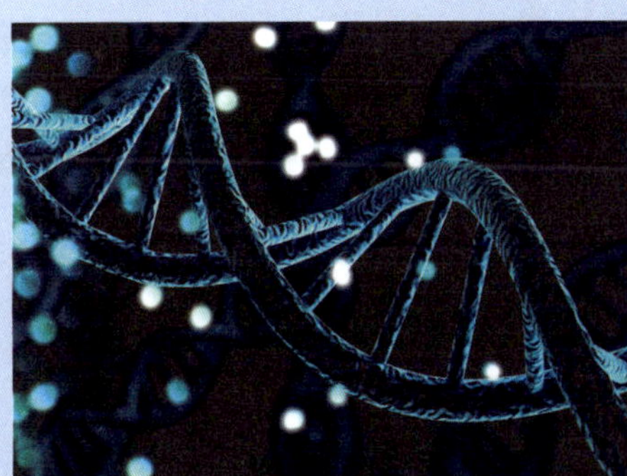

Imagem representativa de estrutura de DNA humano.

ALÉM DA IMAGEM

Refletir sobre o sentido da vida e da morte na sociedade contemporânea nos leva inevitavelmente a pensar sobre a banalização da vida e a luta pela sobrevivência.

Em nosso país, observamos graus extremos dessa banalização, em diferentes circunstâncias: no descuido com a saúde pública e com o saneamento básico, na falta de moradia para pessoas de baixa renda, na violência em todas as suas formas, na superlotação dos presídios, na poluição do meio ambiente.

Observe a imagem.

CESAR DINIZ/PULSAR IMAGENS

Pedestres passando por barracas de pessoas em situação de rua, na Praça da Sé, São Paulo (SP), em 2022.

- Por que a imagem representa um exemplo da banalização da vida no Brasil? Como os valores das diversas tradições religiosas podem ajudar a superar esse tipo de situação?

TEIA DO CONHECIMENTO

Neste capítulo, você conheceu como as tradições religiosas enxergam o sentido da vida e da morte, bem como a maneira como nossa sociedade lida com essas realidades. Por que será que, na atualidade, ao mesmo tempo que o ser humano aspira à longevidade, paradoxalmente presenciamos a banalização da vida e da morte?

- A imagem a seguir mostra uma manifestação, de fevereiro de 2022, em repúdio ao assassinato do congolês Moïse Kabagambe, que vivia como refugiado no Brasil. Sua morte é um exemplo da banalização da vida no país e causou grande mobilização da sociedade. Para refletir sobre esse tema, siga o roteiro proposto.

ROGÉRIO REIS/PULSAR IMAGENS

Cena de manifestação em repúdio ao assassinato do jovem congolês Moïse Kabagambe, no Rio de Janeiro (RJ), em 2022.

1. Sob a supervisão do professor, organizem uma roda de discussão em sala de aula para refletir sobre o problema da banalização da vida e sobre o que pode ser feito para reduzir o número de episódios de violência na sociedade brasileira.

2. Com base nas ideias discutidas, organizem-se em grupos para produzir um texto curto sobre a conscientização a respeito da importância de valorizar a vida e lutar contra toda forma de violência que resulta em tantas mortes no país. O texto deve ter entre três e quatro parágrafos.

3. Durante a elaboração do texto, reflitam sobre o que foi discutido acerca da crença na vida após a morte e os valores morais que estão ligados a essa crença nas tradições religiosas e mobilizem essas informações na elaboração do texto.

4. Após a produção do texto, escolham uma imagem que o ilustre. Criem uma legenda para a imagem.

5. Compartilhem a produção com os colegas por meio da leitura do texto em voz alta. Expliquem, também, a escolha da imagem.

ESPAÇO DE...

PROPAGANDA

VALORIZANDO A VIDA

Todos os dias, entramos em contato com diferentes e variadas campanhas publicitárias. Elas estão em jornais, revistas, *outdoors*, *sites*. As campanhas publicitárias são textos (verbais ou não verbais) criados para sensibilizar o leitor e provocar nele um desejo de consumo ou de participação em uma situação específica.

Algumas campanhas são dedicadas a convites sociais, que incentivam o leitor a refletir sobre seu comportamento em sociedade e o convocam a tornar sua comunidade um lugar melhor.

Como seria, então, uma campanha publicitária que tivesse como intenção a valorização da vida? Em grupos, tracem um plano de ação.

KMINGWWWW/SHUTTERSTOCK.COM

Viver em comunidade significa que as pessoas podem apoiar umas às outras, protegendo a natureza e respeitando os indivíduos em suas diferenças culturais e religiosas.

ETAPA 1 Refletindo sobre a dignidade da vida humana

Você já aprendeu que, independentemente do caminho espiritual de cada um, as experiências religiosas de qualquer tradição, quando vividas com sinceridade, têm reflexos práticos na relação com os outros e com o mundo.

Cada grupo deve elaborar três listas, visando responder:

Lista 1. O que podemos usar como exemplos do que é viver com dignidade?

Lista 2. Há grupos de pessoas que não vivem com a dignidade a que têm direito? Quais são eles?

Lista 3. Como podemos agir para melhorar a situação de pessoas que precisam de ajuda para garantir seu direito à dignidade?

Antes de elaborar as listas, leiam um dos significados de dignidade humana, de acordo com artigo de dom Orlando Brandes, publicado no *site* da Conferência Nacional de Bispos do Brasil (CNBB).

A dignidade humana enquanto imagem e semelhança de Deus. Mais que criatura, a pessoa é imagem e semelhança de Deus. Isso tudo significa: ser amigo de Deus, estar aberto ao infinito. A pessoa enquanto imagem de Deus goza de igual dignidade independentemente da cor, sexo, idade, raça. A dignidade pessoal é o bem mais precioso que o ser humano tem. É um valor em si e por si. Nunca pode ser objeto, coisa, instrumento.

DOM ORLANDO BRANDES. Dignidade Humana e Direitos Humanos. **Conferência Nacional dos Bispos do Brasil** (CNBB), 4 dez. 2009. Disponível em: http://www.cnbb.org.br/dignidade-humana-e-direitos-humanos/. Acesso em: 23 fev. 2024.

ETAPA 2 Produzindo a propaganda

Observem as três listas que o grupo elaborou na Etapa 1. Ao refletir sobre os itens que elencaram nas três listas, escolham um grupo social mais vulnerável que, de alguma forma, nos dias atuais, não tenha acesso, na prática, a direitos essenciais para uma vida digna. Que tal apoiar?

Por exemplo, observe esta sugestão de resposta para cada uma das listas.

Viver com dignidade é poder tomar banho todos os dias.

Pessoas em situação de rua têm dificuldade de acessar cuidados básicos, como a higiene pessoal.

Posso organizar com meus colegas doações de itens de higiene pessoal a pessoas que precisam dessa ajuda.

Tracem um plano de ação (quem são as pessoas alcançadas com a publicidade; de que forma o grupo vai organizar essa ajuda), para, então, produzir o cartaz publicitário.

Pesquisem na internet diferentes tipos de campanha publicitária que utilizem cartazes e observem como as imagens, os títulos e os textos se organizam nesses cartazes. O grupo pode se inspirar nos cartazes pesquisados.

#ParaPensar

Pensem nas dificuldades enfrentadas pela comunidade do entorno da escola para escolher a causa que vão ajudar com a publicidade.

GOVERNO DO ESTADO DE TOCANTINS

Campanha do Dia Nacional de Combate à Intolerância Religiosa: a importância da informação na luta pelo fim do preconceito. Governo de Tocantins, 2023.

PREFEITURA MUNICIPAL DE SUZANÁPOLIS

Campanha do Setembro Amarelo da Prefeitura de Suzanápolis (SP), 2021.

Estruturem a proposta de cartaz publicitário em uma folha de rascunho para que a ideia tome forma: vale testar duas ou três diagramações diferentes para textos e imagens, escolhendo a mais harmônica.

Lembrem-se de que um bom cartaz de campanha publicitária precisa de imagens sensíveis, títulos de impacto e textos curtos e objetivos para comunicar a ideia central.

- Revisem os textos criados.
- Caso as imagens utilizadas não sejam de autoria do grupo, informem os créditos.

ETAPA 3 Divulgando a propaganda

- Combinem com o professor a forma de divulgar os cartazes publicitários. Garantam que a ajuda alcance o grupo que escolheram beneficiar.

#ParaFechar

- É possível afirmar que a campanha criada se alinha a seus valores religiosos? Justifique sua resposta.

O QUE APRENDI

Você expandiu seus conhecimentos, suas aprendizagens e seus saberes durante todo o desenvolvimento da unidade. Revise os temas trabalhados:

- experiências religiosas;
- linguagens do mistério;
- vida e morte.

- Nos espaços a seguir, registre o que você mais gostou de estudar nesta unidade e anote alguns temas para revisar.

O que mais gostei de estudar	O que preciso revisar
☐ ____________	☐ ____________
☐ ____________	☐ ____________
☐ ____________	☐ ____________
☐ ____________	☐ ____________
☐ ____________	☐ ____________
☐ ____________	☐ ____________
☐ ____________	☐ ____________
☐ ____________	☐ ____________
☐ ____________	☐ ____________
☐ ____________	☐ ____________

EDITORIA DE ARTE

LER

Notas sobre o luto, de Chimamanda Ngozi Adichie. São Paulo: Companhia das Letras, 2021.

O livro foi escrito após o falecimento do pai da escritora Chimamanda Ngozi Adichie, em junho de 2020, durante a pandemia de covid-19. A obra é um relato sobre o luto da autora, mas também sobre as lembranças que consolam aqueles que ficaram.

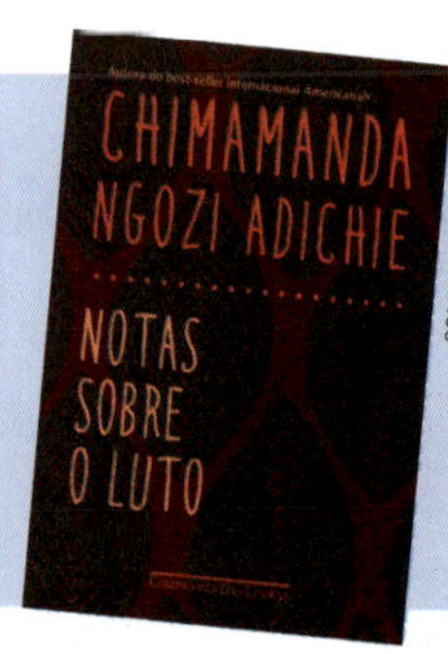

COMPANHIA DAS LETRAS

O sagrado em todo tempo e lugar

UNIDADE

2

FERENC SZELEPCSENYI/SHUTTERSTOCK.COM

Nesta unidade, você vai estudar:

- princípios e valores das tradições religiosas
- a importância do corpo
- a relação entre a arte e o sagrado

CAPÍTULO 4

Projetos de valores

> [...] Muita religião, seu moço! Eu cá, não perco ocasião de religião. Aproveito de todas. Bebo água de todo rio... [...]
>
> ROSA, João Guimarães. **Grande sertão**: veredas. 21. ed. Rio de Janeiro: Nova Fronteira, 2015. p. 25-26.

AKARAT PHASURA/SHUTTERSTOCK.COM

NOVOS HORIZONTES

A imagem de abertura apresenta o interior do Templo de Cao Dai, no Vietnã. O Caodaísmo é um movimento religioso monoteísta, iniciado em 1926, com a missão de unificar as religiões para resgatar a harmonia e o diálogo entre a humanidade. Essa religião integra elementos de várias religiões, como Budismo, Taoismo, Confucionismo e Cristianismo, defendendo os princípios de tolerância e de não violência, além de práticas como a meditação e o vegetarianismo.

Sobre o tema, analise a imagem, converse com os colegas e responda.

a) Qual é a importância que a religião pode ter na vida das pessoas? Justifique sua resposta.

b) Na epígrafe, temos um fragmento da obra de Guimarães Rosa, em que o personagem Riobaldo declara: "Aproveito de todas [as religiões]". O que essa afirmação significa para você?

CONSTRUINDO SABERES

Princípios ético-religiosos

Religiões da mística de origem indiana: centram-se na figura do místico – pessoa que teve sua vida transformada pela experiência com o Transcendente.
Religiões da profecia do Oriente Médio: têm em sua origem a figura do profeta – aquele que, com base em sua experiência religiosa, anuncia e denuncia o que está ou não de acordo com a vontade de Deus.

Com o avanço da globalização, passamos a conhecer cada vez mais a pluralidade de culturas e religiões que existem no mundo.

O Judaísmo, o Cristianismo e o Islamismo – religiões monoteístas – são **religiões da profecia do Oriente Médio** e têm em Abraão uma origem comum. Essas três religiões comungam da concepção de que haverá um "fim dos tempos", em que Deus exercerá seu julgamento sobre a humanidade, ou seja, o passar do tempo indica a aproximação de um evento que finaliza uma etapa da história da humanidade. Isso significa que elas têm uma visão linear da história.

No Hinduísmo e no Budismo, **religiões da mística de origem indiana**, prevalece a visão cíclica da história, ou seja, a história se caracteriza por um ciclo permanente, que sempre se repete e não tem fim.

Segundo o teólogo brasileiro Marcial Maçaneiro, a religião insere o ser humano em sua relação com o Universo.

> “O sol, a lua e os planetas; as florestas, cavernas e montanhas; o voo da águia e a brandura do cordeiro; a semeadura e a colheita; o pão, o vinho e o mel; o óleo e o fogo que crepita: tudo isso é sagrado aos olhos do *Homo religiosus*, porque tudo isso sustenta a vida presente e futura.”

MAÇANEIRO, Marcial. As sete tarefas ecológicas das religiões. **Ciberteologia – Revista de Teologia & Cultura**, ano 5, n. 21, p. 44, jan./fev. 2009.

No texto, o teólogo se refere ao ser humano como *Homo religiosus*, o qual foi percebendo, ao longo de sua caminhada histórica, a necessidade de estabelecer princípios éticos para guiar e iluminar toda a sua existência, de modo a contribuir para o cuidado e a preservação da vida.

Em sua essência, os valores das tradições religiosas não têm como guia uma lógica individualista, mas o horizonte comunitário do "**eu vivo, se tu vives**", como afirma o teólogo alemão Franz Hinkelammert (1931-2023).

AMPLIANDO

Um conceito utilizado por filósofos, antropólogos e teólogos é o de *Homo religiosus*. Com o desenvolvimento das ciências humanas nos últimos séculos, outras dimensões do ser humano além da racionalidade (*Homo sapiens*) começaram a ser consideradas, dando origem, então, a expressões como *Homo faber*, *Homo ludens* e *Homo religiosus*. Assim, de acordo com a concepção de *Homo religiosus*, a religiosidade seria intrínseca ao ser humano.

Para saber o que o papa Bento XVI disse a respeito desse termo, acesse o *QR Code*.

https://s.ftd.li/HomoReligiosus

1. Em duplas, reflitam sobre a frase "eu vivo, se tu vives", do teólogo Franz Hinkelammert. O que ela significa para vocês?

Cristianismo

O Cristianismo, religião com o maior número de adeptos no mundo, tem como valor fundamental o amor a Deus, que deve se expressar, também, em relações fraternas com o próximo.

Para os cristãos, o ser humano foi criado à imagem e semelhança de Deus. Logo, somos todos iguais; ninguém é superior a ninguém. Jesus Cristo demonstrou esse amor sem fazer distinção entre as pessoas, por meio de palavras e gestos de perdão e acolhida, principalmente aos mais vulneráveis de seu tempo. Doar a própria vida pelos outros foi a maior prova de amor que Jesus ofereceu à humanidade.

Segundo o Evangelho de João, durante a última ceia com os discípulos, Jesus apresentou a experiência desse amor em três formas: servindo, partilhando e se entregando. Ele lavou os pés dos discípulos como sinal de serviço e humildade. Dividiu o alimento com eles, fazendo de si mesmo o pão partilhado. Desse modo, Jesus não fugiu ao seu compromisso; foi coerente, até o fim, com tudo o que falou e viveu. Desse exemplo de amor como valor fundamental provêm todos os outros valores cristãos.

OSSERVATORE ROMANO/AFP

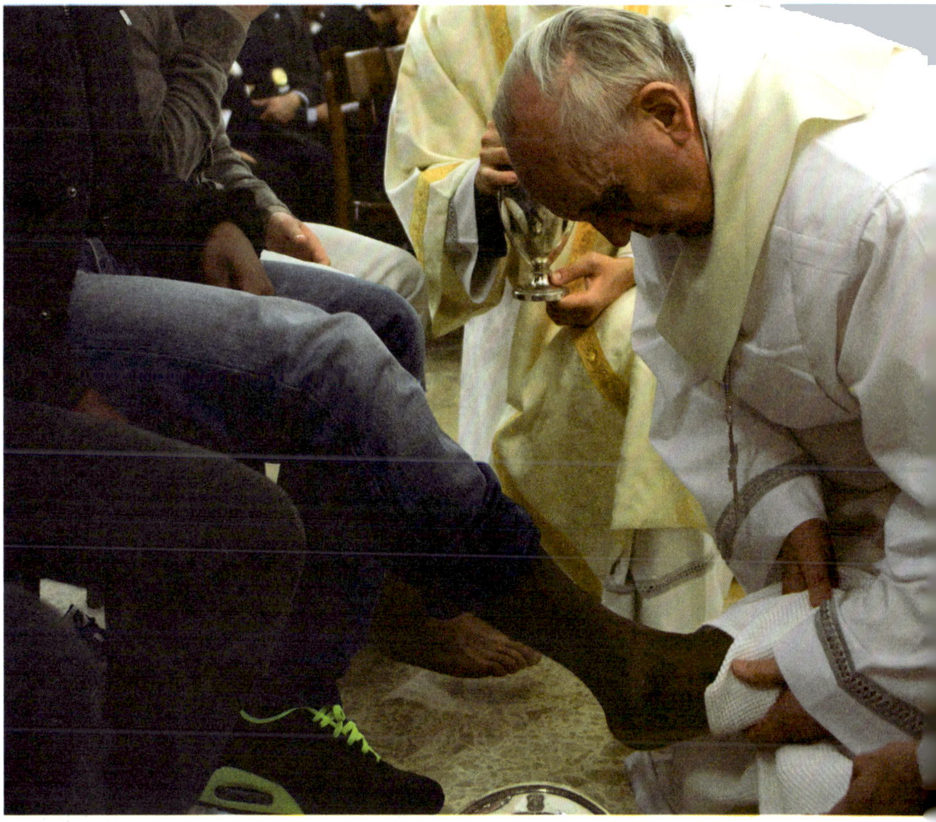

A exemplo de Jesus, papa Francisco lava os pés de detentos em Roma, Itália, como ritual da Quinta-feira Santa, em 2013.

2. Explique por que o amor é a maior virtude do cristão.

AS-ARTMEDIA/SHUTTERSTOCK.COM

Muçulmanos rezam em mesquita na cidade de Medina, Arábia Saudita, 2016.

Islamismo

O Islamismo é a segunda religião com mais adeptos no mundo. A maior parte de seus fiéis vive principalmente no norte da África, no Oriente Médio e nas regiões sul e central da Ásia. A religião surgiu na Arábia Saudita, por volta do século VII, com o profeta Maomé. Os seguidores dessa fé são chamados de muçulmanos e creem em um Deus único, Alá.

Segundo o Islamismo, a misericórdia de Alá se manifesta em sua criação, bem como no amor dentro da família e entre amigos, na ajuda dada aos pobres e até mesmo aos inimigos. Amar a Deus, para essa tradição religiosa, significa amar o que Deus criou, o que inclui todo o Universo.

SZEFEI/SHUTTERSTOCK.COM

Mulher indiana em ritual hinduísta.

Hinduísmo

É a terceira maior religião do mundo, sendo a mais praticada na Índia, no Nepal e no Sri Lanka. Conta com uma grande quantidade de deuses e deusas, uma multiplicidade de cultos e rituais, além das diferentes vertentes que a constituem. Em razão dessa diversidade, os hindus seguem princípios como a abertura e a acolhida a outras tradições religiosas e a valorização do diferente.

Além disso, o Hinduísmo cultiva o princípio ético da não violência, chamado *ahimsa,* cuja finalidade é não causar sofrimento a outros seres vivos. Cuidar da natureza é também cuidar de si mesmo e do outro, pois a vida humana está estritamente relacionada a todo tipo de vida que existe na Terra.

Fé Bahá'í

A tradição religiosa Fé Bahá'í, nascida na Pérsia (atual Irã) em 1844 e fundada por Bahá'u'lláh (1817-1892), propõe princípios que contribuem para uma relação sustentável e igualitária com o outro e com a natureza. Para seus seguidores, todos os seres humanos são criação de uma mesma divindade, por isso fazem parte de uma única família humana. Sendo assim, devem eliminar o preconceito que existe nas relações interpessoais. Para essa tradição religiosa, a harmonia da humanidade não será conquistada eliminando as diferenças, mas desenvolvendo a consciência e respeitando o valor fundamental de cada cultura e de cada pessoa.

A Fé Bahá'í atua sob o princípio da "guardiania coletiva", que atribui a cada indivíduo a responsabilidade pelo bem-estar da coletividade. A preocupação ecológica e com o desenvolvimento de práticas sustentáveis vem dessa visão, que considera os seres humanos "cidadãos de um só planeta"; portanto, as ações de um influenciam na vida de todos.

SHUJAA_777/SHUTTERSTOCK.COM

Jardim Bahá'í e Santuário do Báb, em Haifa, Israel.

3 Em duplas, expliquem o significado da afirmação: somos todos "cidadãos de um só planeta".

Taoismo

O Taoismo, tradição religiosa originária da China e desenvolvida por Lao-tsé por volta de 550 a.C., também traz princípios importantes no que diz respeito ao ser humano e à sua relação com o outro e com o meio ambiente.

O Taoismo se baseia em três valores essenciais que o ser humano precisa cultivar interiormente: simplicidade, humildade e bondade.

De acordo com a tradição, *yin* e *yang* são dois princípios fundamentais que, embora **opostos**, são também **complementares**, presentes em tudo o que há no Universo. Os taoistas acreditam que um princípio não é melhor que o outro, mas que os dois se complementam, de forma que um não existe sem o outro, pois são partes integrantes do todo. Com base nessa noção, as diferenças devem ser consideradas oportunidades para a vivência plena da complementaridade.

Para os taoistas, a harmonia é um princípio fundamental para o desenvolvimento espiritual: ela deve estar presente na relação individual da pessoa consigo mesma, na vivência com os outros e, também, no vínculo com o Universo. Quanto maior a agitação na mente do ser humano, mais egoísmo, divisões, angústia e sofrimento. A quietude, o equilíbrio e a harmonia em sua mente ajudam a transformar o mundo em um lugar melhor.

DANIELCASTROMAIA/SHUTTERSTOCK.COM

Taoistas rezam em templo, em Kaohsiung, Taiwan, 2017.

ARTE QUE ENCANTA

Holístico: palavra proveniente do grego *holos*, que significa "contemplar o mundo em sua totalidade".

Algumas tradições religiosas apresentam, de maneira mais acentuada, uma concepção **holística** do ser humano e da natureza, ou seja, destacam a interdependência e a complementaridade entre ambos. Essa concepção tem sido essencial para o desenvolvimento de uma consciência comunitária que compreenda a importância de as ações humanas contemplarem uma ética ambiental responsável e sustentável.

A questão da ética no relacionamento com os outros e com o meio ambiente também pode ser encontrada em produções artísticas da contemporaneidade. Um exemplo são os trabalhos de pintura corporal do artista visual italiano Johannes Stötter, que integram corpo humano e natureza, representando ambos como uma unidade.

JOHANNES STÖTTER

Trolland, de Johannes Stötter, da série Paisagens, 2018.

1 Na obra de Stötter, há diversos elementos que ressaltam a interdependência e a complementaridade entre ser humano e natureza. Identifique-os.

A consciência de que devemos cuidar dos seres humanos e do meio ambiente também está bastante presente no Budismo. Essa tradição religiosa tem um conceito muito significativo conhecido como *Metta*, que significa algo como "amor incondicional". Existe uma oração, que também é uma técnica de meditação, chamada Metta Bhavana, baseada nos ensinamentos que Buda deixou há mais de 2 500 anos. Com essa oração, os praticantes buscam atingir uma postura de amor e bondade, desejando que todos os seres encontrem a libertação. Leia a seguir uma das várias versões da oração.

> Que todos os seres que estejam em sofrimento possam se libertar do seu sofrimento.
> Que todos os seres que estejam com medo possam se libertar do seu temor.
> Que todos os seres que estejam em lamentos possam se libertar da sua lamentação.
> Pela realização dessas aspirações, que todos os seres, sem nenhuma exceção, possam se sentir verdadeiramente seguros e muito felizes.

SILVA, Georges da; HOMENKO, Rita. **Budismo**: psicologia do autoconhecimento. São Paulo: Pensamento, 1998. p. 108.

2 Essa meditação reflete o cuidado de si, do outro e do meio em que vivemos. Relacione-a com a obra de Johannes Stötter, identificando pontos em comum.

____

____

____

____

____

SAIBA +

Nas tradições religiosas, há diversos tipos de meditação – prática vista como meio para o ser humano trilhar um caminho espiritual. Nas tradições orientais, é possível encontrar várias formas de meditação, cujos objetivos são, entre outros, transformar emoções negativas e ativar os estados positivos da mente. Ainda nessas tradições, há a ioga, muito conhecida no Ocidente e que tem como princípio básico proporcionar ao corpo e à mente um estado profundo de paz, serenidade e quietude.

Na tradição cristã, a meditação é uma forma de entrar em contato consigo mesmo e com Deus e, dessa forma, aprender a amar a si mesmo, ao outro e ao Transcendente, como Jesus viveu e ensinou.

BISCOTTO DESIGN/SHUTTERSTOCK.COM

OS POVOS E O SAGRADO

Muitas tradições religiosas trazem, em seu fundamento, o entendimento e a aceitação da diversidade. A prática religiosa pode ser um instrumento precioso que proporciona ensinamentos de cooperação, respeito e acolhimento das diferenças, colaborando para a construção de um mundo de paz e inclusão.

Leia o texto a seguir, pertencente à Fé Bahá'í, e perceba como essa tradição compreende o valor da diversidade no mundo.

> Considerai as flores de um jardim: diferem em espécie, cor, forma e aspecto. Não obstante, desde que são refrescadas pelas águas da mesma fonte, revivificadas pelos sopros de um só vento e revigoradas pelos raios de um único Sol, sua diversidade lhes aumenta o encanto e realça a beleza. Assim, quando a força unificadora que é a influência penetrante do Verbo de Deus faz efeito, a variedade de costumes, procedimentos, hábitos, ideias, opiniões e temperamentos embeleza o mundo da humanidade. [...]
>
> Quão pouco nos agradaria aos olhos se todas as plantas e árvores desse jardim, com seus ramos, suas folhas, flores e frutos fossem da mesma forma e cor! A diversidade de colorido, formato e aparência enriquece e adorna o jardim e aviva-lhe a aparência. Outrossim, quando se reúnem vários matizes de pensamento, temperamento e caráter sob a influência e o poder de uma só força dominante, revelam-se e realçam-se a beleza e a glória da perfeição humana.

BAHÁ'U'LLÁH; ABDU'L-BAHÁ. **A divina arte de viver**. Compilado por Mabel Hyde Paine. Mogi Mirim: Bahá'í do Brasil, 2000. p. 202-203.

- Relacione a compreensão de Deus com a ideia de jardim florido presente no texto.

____

____

____

____

____

____

360VP/SHUTTERSTOCK.COM

O Universo é expressão da diversidade.
Um jardim florido tem inúmeras e diferentes cores.

O CUIDADO COM O MUNDO

Períodos de grande dificuldade ou sofrimento podem acabar levando as pessoas a deixarem de lado as diferenças e a se unirem por um bem comum. Após a Turquia ter sido abalada por um forte terremoto, no início de 2023, o padre turco Antuan Ilgit uniu esforços para atender a população desabrigada. Nesse contexto, presenciou a união de fiéis de diferentes tradições religiosas. Leia a reportagem a seguir sobre o assunto.

ANTUAN ILGIT S.I.

Padre Antuan Ilgit.

Viver juntos uma "experiência dramática"; um ecumenismo de fato que leva cristãos de diferentes confissões "a uma ajuda recíproca"; um diálogo inter-religioso que se torna uma experiência viva de "acolhida" e momentos de "oração comum, como a participação na missa até de alguns muçulmanos". É assim que o padre Antuan Ilgit, jesuíta e chanceler do bispado do vicariato apostólico da Anatólia, fala à Agência *AsiaNews* sobre a realidade diária em Iskenderun, na Turquia, uma semana após o terremoto devastador que atingiu o país e a vizinha Síria.

Compartilhando

"Estamos compartilhando", destaca o sacerdote, que tem estado na linha de frente desde o início na ajuda aos deslocados, sejam cidadãos ou refugiados estrangeiros, "um evento dramático". "[...] Há uma semana não podemos nos lavar porque falta água, usamos apenas toalhetes para um mínimo de higiene pessoal, realmente me sinto como o pastor de um rebanho de ovelhas, não apenas metaforicamente. As pessoas, encontrando-me, expressam seus sentimentos mais facilmente, choram de desespero, mas uma palavra de conforto sempre consegue ter algum efeito imediato. [...] aqui, desmoronou a catedral, mas a paróquia ficou de pé, apesar de muitas casas ao redor terem desmoronado, e por esta razão nos tornamos um ponto de referência para socorros e acolhida".

Oração ecumênica na tragédia

Pe. Antuan, como ele mesmo recorda, é "o único jesuíta turco e o único sacerdote católico de origem turca" na região "a serviço da Igreja da Turquia" [...]. "Aqui em Iskenderun estamos recebendo muitas ajudas, que, assim que chegam, enviamos diretamente para outras áreas. Conseguimos enviar três cargas para Antakya e utilizamos a paróquia de Mersin, que foi parcialmente poupada, para acolher deslocados, católicos e ortodoxos, sem distinção. Isto é o que eu chamo de ecumenismo da tragédia, que aproxima latinos, armênios, ortodoxos e não só cristãos. Há muçulmanos", conta, "que pedem para participar da missa, que precisam rezar e sentir Deus próximo deles, porque isto se torna uma fonte de consolo. O terremoto nos uniu, uma enorme devastação que também gerou o bem e nos ensina que se os grandes escolhem a guerra", os povos e as pessoas "podem ao invés disso se comprometer com a paz... nós experimentamos isso em nossa pele!". [...]

DO TERREMOTO à unidade entre Igrejas: a oração de cristãos e muçulmanos. **Vatican News**, 14 fev. 2023. Disponível em: https://www.vaticannews.va/pt/igreja/news/2023-02/terremoto-turquia-siria-ecumenismo-solidariedade-jesuita.html. Acesso em: 23 fev. 2024.

- No texto, padre Antuan Ilgit comenta que "uma palavra de conforto sempre consegue ter algum efeito imediato". O ato de ouvir e conversar com alguém pode ser considerado também um tipo de ajuda? Discuta com os colegas.

Para saber mais sobre a ajuda de padre Antuan às vítimas do terremoto, acesse o *QR Code*.

https://s.ftd.li/AntuanIlgit

OUTROS OLHARES

Por meio da experiência com o Transcendente, as tradições religiosas propõem valores para que o ser humano se relacione com o outro e com o mundo de modo mais profundo e significativo.

As tradições têm em comum alguns valores, como verdade, bondade, amor, vida, justiça, paz e felicidade, os quais contribuem para a construção de uma sociedade apta a conviver com as diferenças.

Leia os dois trechos de reportagem a seguir que abordam esse assunto.

Onde as religiões se encontram

O riso corre solto entre o cônego José Bizon, o judeu Raul Meyer, o muçulmano Atilla Kus e Rüth Junginger de Andrade, membro da Igreja de Jesus Cristo dos Santos dos Últimos Dias, conhecida como Igreja Mórmon. [...] Eles estavam na sala de estar da Casa da Reconciliação, em São Paulo, um lugar pertencente à Igreja Católica aberto ao diálogo inter-religioso. Dito assim, de maneira mais formal, parece algo burocrático. Quem conhece o lugar e os vê juntos, brincando uns com os outros, descobre o que é na prática o significado do respeito à crença alheia e, principalmente, que é possível conviver com o diferente. Afinal, apesar das distinções entre as religiões, todos eles desejam a mesma coisa: "tikun olam", a expressão judaica que significa trabalhar para melhorar o mundo e torná-lo mais harmonioso. "Esta é a lição mais importante do nosso trabalho", afirma Bizon.

Além dos católicos, judeus e muçulmanos, participam das atividades representantes de outras religiões de origem cristã, como os mórmons e os luteranos, de raízes africanas, como a umbanda e a ioruba, e também do budismo. O objetivo é divulgar às pessoas que o amor ao próximo é o denominador comum às religiões e não o contrário. "O desconhecimento das pessoas em relação às religiões é o grande problema", diz Raul Meyer, diretor da Federação Israelita de São Paulo na área do Diálogo Inter-religioso. "Há a formação de uma minoria que radicaliza enquanto a maioria silencia."

[...]

PEREIRA, Cilene. Onde as religiões se encontram. **IstoÉ**, 22 mar. 2019. Disponível em: https://istoe.com.br/onde-as-religioes-se-encontram/. Acesso em: 23 fev. 2024.

ATLASSTUDIO/SHUTTERSTOCK.COM

[...] as viagens do papa Francisco foram bastante diferentes das dos seus antecessores. Muitas delas não se destinaram aos grandes centros católicos do mundo – Europa, América do Sul e regiões da África.

Ele foi várias vezes a locais onde os cristãos são uma minoria: Tailândia, Emirados Árabes Unidos, Japão e Coreia do Sul.

Agora [2021] é a vez do Iraque: acredita-se que na região de Ur (na atual província de Dhi Qar) nasceu Abraão, considerado o pai das três principais religiões monoteístas do mundo (cristianismo, judaísmo e islamismo).

MAURIX/GAMMA-RAPHO/GETTY IMAGES

Em encontro considerado histórico, papa Francisco visitou o principal líder religioso xiita do Iraque, o aiatolá Ali al-Sistani, em 2021.

Atualmente, esse mesmo local é o lar de uma minoria cristã que está à beira da extinção por vários motivos, entre eles a perseguição de grupos radicais, como o autodenominado Estado Islâmico.

No que foi o ponto alto da visita, [...] o papa Francisco se reuniu [...] com o principal líder religioso xiita, o aiatolá Ali al-Sistani.

Este encontro entre as duas religiões foi descrito como "histórico".

O papa Francisco viajou para a cidade sagrada de Najaf, cerca de 160 quilômetros ao sul da capital Bagdá. O local é um centro de peregrinação para xiitas de todo o mundo.

O aiatolá é uma das figuras mais poderosas do Islã e seus fátuas (pronunciamentos religiosos) levaram muitos muçulmanos a se mobilizarem em 2014 contra o Estado Islâmico.

Em janeiro de 2019, lembra a agência EFE, Ali al-Sistani pediu para investigar os "crimes atrozes" perpetrados por jihadistas sunitas contra algumas minorias na sociedade iraquiana.

Durante o encontro, o papa agradeceu ao aiatolá "por erguer a voz em defesa dos mais fracos e perseguidos, afirmando que o sagrado é a importância da unidade do povo iraquiano".

Ele também destacou "a importância da colaboração e da amizade entre as comunidades religiosas para que, cultivando o diálogo com respeito recíproco, se possa contribuir para o bem do Iraque, da região e de toda a comunidade". [...]

BBC MUNDO. O encontro histórico entre o papa Francisco e o líder xiita no Iraque, onde o "cristianismo está perigosamente perto da extinção". **BBC News Brasil**, 6 mar. 2021. Disponível em: https://www.bbc.com/portuguese/internacional-56309301. Acesso em: 23 fev. 2024.

1. Com base no primeiro texto, responda: De que forma as tradições religiosas podem contribuir para incentivar ações visando à convivência harmoniosa entre as pessoas, mesmo com suas diferenças de opiniões e de credos?

____

____

____

2. Reflita sobre a declaração do papa no último parágrafo do segundo texto: Qual mensagem o papa Francisco transmite ao decidir visitar o aiatolá Ali al-Sistani, líder religioso do Iraque, onde os cristãos são minoria e sofrem perseguições? Discuta com os colegas.

ALÉM DA IMAGEM

Valores éticos essenciais permeiam os discursos e as práticas das diversas tradições religiosas, tanto no Oriente como no Ocidente. No entanto, grupos extremistas mostram no cotidiano, por meio de suas ações, violência, preconceito, racismo e intolerância – o oposto daquilo que pregam suas tradições –, revelando contradições entre discurso e prática, doutrina e atitude.

Em Mianmar, país do sul da Ásia, a população muçulmana rohingya não é reconhecida como cidadã e sofre forte perseguição por parte de grupos extremistas budistas. Os muçulmanos rohingya são impedidos de acessar escolas e hospitais e abrigam-se em acampamentos de refugiados, vivendo, muitas vezes, abaixo da linha de pobreza.

SUVRA KANTI DAS/ABACA/SHUTTERSTOCK.COM

Pessoas da etnia rohingya obrigadas a deixar Mianmar, rumo a Bangladesh, em 2020.

- Como você acha que as pessoas na imagem estão se sentindo? Indique ações que podem ser tomadas para superar esse tipo de situação.

TEIA DO CONHECIMENTO

Neste capítulo, você pôde conhecer os princípios éticos das tradições religiosas que prezam o cuidado e a preservação da vida, bem como os valores de diversas tradições religiosas que possibilitam a convivência, o respeito, a tolerância e a solidariedade entre os seres humanos. Ao mesmo tempo, pôde refletir sobre eles e constatar as contradições e incoerências entre o discurso e a prática desses princípios e valores.

- Leia a tirinha que aborda essa questão. Depois, siga o passo a passo para criar sua própria tirinha resgatando as reflexões feitas no capítulo sobre princípios éticos.

ALEXANDRE BECK

1

Em dupla, reflitam sobre a atitude do personagem Armandinho na tirinha e discutam como ela está relacionada aos princípios éticos estudados no capítulo.

2

Com base nas discussões que tiveram em dupla, pensem em uma tirinha que valorize a importância dos princípios éticos abordados no capítulo para a vida em comunidade.

3

Pensem nos personagens e façam esboços planejando o texto e/ou os diálogos da tirinha antes de iniciar a preparação das ilustrações.

4

Sob a orientação do professor, utilizem ferramentas digitais para construir a tirinha.

5

Ao final do trabalho, compartilhem as tirinhas com a turma.

DICA

Para elaborar uma tirinha, não é necessário fazer ilustrações realistas, e sim explorar a criatividade e criar imagens que chamem a atenção do observador e que apresentem coerência com o tema abordado.

CAPÍTULO 5

O corpo em transformação

> [...] E o conhecimento seguro dos desejos leva a direcionar toda escolha e toda recusa para a saúde do corpo e para a serenidade do espírito, visto que esta é a finalidade da vida feliz [...].
>
> EPICURO. **Carta sobre a felicidade (a Meneceu)**. Tradução e apresentação de Álvaro Lorencini e Enzo Del Carratores. São Paulo: Editora Unesp, 2002. p. 35.

PRABHAT KUMAR VERMA/PACIFIC PRESS/LIGHTROCKET/GETTY IMAGES

NOVOS HORIZONTES

É importante mantermos um equilíbrio entre mente e corpo para nos sentirmos bem e podermos viver em harmonia com o próximo. A prática de atividades físicas é uma das diversas maneiras que o ser humano encontrou para buscar esse equilíbrio. A ioga, por exemplo, relaciona-se a tradições religiosas orientais, como o Hinduísmo, e é praticada por pessoas de todo o mundo por causa dos benefícios físicos e mentais que traz a seus praticantes.

Sobre o tema, analise a imagem, converse com os colegas e responda.

a) Conhecer outras tradições e filosofias pode nos ajudar a ampliar nossa visão do cuidado com o corpo e a mente? Explique.

b) A epígrafe que abre este capítulo traz uma proposta de felicidade do filósofo Epicuro. Você concorda com ele? Justifique.

CONSTRUINDO SABERES

O culto ao corpo

O verso "é preciso pedir aos deuses uma mente (espírito) sadia em um corpo saudável" (que traz a famosa máxima *mens sana in corpore sano*), do poeta romano Juvenal, nascido no século I, é frequentemente repetido ao longo do tempo e nos ajuda a compreender a relação entre corpo, saúde e espírito para a cultura greco-romana – que considera todos esses aspectos igualmente importantes.

Na concepção de várias tradições religiosas, a corporeidade também é revestida de importância, pois o corpo, compreendido em sua totalidade, é tido como a morada do sagrado.

LORNET/SHUTTERSTOCK.COM

Vênus de Milo, escultura de autoria desconhecida e data presumida do século II a.C. Mármore. Museu do Louvre, Paris, França. Vênus, da mitologia romana, equivale a Afrodite, da mitologia grega.

WALKER ART GALLERY, NATIONAL MUSEUMS LIVERPOOL

Eco e Narciso (detalhe), de John William Waterhouse. 1903. Óleo sobre tela. 109,2 cm × 189,2 cm. Walker Art Gallery, National Museums Liverpool, Liverpool, Reino Unido. Apesar de apreciarem a beleza, como a da deusa Afrodite, os gregos tinham consciência da fragilidade do ser humano em relação à vaidade. Um exemplo é o mito de Narciso, o rapaz que se apaixona pela própria imagem refletida em um rio e morre por não conseguir se distanciar dela.

Nas **narrativas mitológicas gregas**, o corpo humano de deuses e deusas, heróis e heroínas apresentava perfeição simétrica e força arrebatadora. Isso levou os gregos a cultivarem o desejo de se parecerem com essas divindades e com seus heróis e heroínas, instaurando um verdadeiro culto ao corpo – daí a prática do atletismo, para buscar um corpo semelhante ao do herói Hércules.

A celebração dos deuses por meio de competições físicas expressava a concepção de mundo politeísta dos gregos. Como eles se viam semelhantes aos deuses em quase tudo – menos na imortalidade, força, velocidade e beleza –, ter um corpo forte, rápido e belo era uma forma de se aproximar de suas divindades e, com isso, da perfeição.

Os Jogos Olímpicos, que existem até hoje, eram realizados com intervalos de quatro anos em homenagem a Zeus, na cidade de Olímpia, na Grécia. Era um grande evento religioso e esportivo em que os atletas competiam para mostrar coragem e força, além de obter fama e glória para si e para sua cidade. Assim, os melhores atletas eram tratados com grande reverência pelos gregos.

Hércules e o Cébero, de Antonin Pavel Wagner. Escultura em mármore. Viena, Áustria.

1 A concepção de corporeidade tem sido construída ao longo do tempo sob a influência de várias culturas e tradições religiosas. Quais características do culto ao corpo na mitologia e cultura gregas você percebe na atualidade?

____

____

____

____

____

E a dimensão do corpo na **mitologia romana**? O mesmo ideal grego de perfeição do corpo foi herdado pelos romanos, mas, aos poucos, foi se transformando e ganhando contornos próprios. Assim, a perfeição do corpo tornou-se referência para a organização da sociedade romana, impactando até mesmo o planejamento arquitetônico de suas cidades.

O culto ao corpo por meio dos jogos também se transformou ao longo da história. Os romanos, por exemplo, aboliram o atletismo e várias outras modalidades dos jogos olímpicos. Para eles, o verdadeiro culto ao corpo acontecia por meio das lutas, principalmente a dos gladiadores. Elas tinham, no início, um sentido religioso, com ritos fúnebres e sacrificiais; entretanto, com o passar do tempo, passaram a ser divertimento para a população e ganharam um sentido circense e militar. Nessas lutas, o culto ao corpo era marcado por violência e agressividade.

NAAMAN ABREU/SHUTTERSTOCK.COM

O Coliseu, localizado em Roma, na Itália, foi eleito uma das Sete maravilhas do mundo moderno e incluído pela Unesco na lista de Patrimônio da Humanidade. Construído por volta de 70 d.C., o objetivo do monumento era abrigar os espetáculos públicos e as lutas entre gladiadores romanos.

2 Aponte, por meio de um texto curto, as marcas da concepção de corporeidade romana presentes no contexto contemporâneo.

____

____

____

DICA
Seu texto deve simular uma postagem em rede social, por isso é importante que seja sucinto e breve.

Aos poucos, o cuidado com o corpo foi se tornando sagrado. O banho era visto como uma forma de purificação e, por isso, banhar-se tinha um sentido ritual. Ainda hoje, muitas tradições religiosas preservam esse sentido em banhos purificadores, como o Hinduísmo.

Milhares de fiéis hindus se reúnem em ritual no rio Ganges, na Índia. Para eles, essa água é sagrada e o banho no rio traz purificação física e espiritual.

AMPLIANDO

Os banhos e o contato com a água estão presentes em rituais de diversas tradições religiosas. A relação com os banhos, porém, foi encarada de diferentes maneiras pelas tradições religiosas ao longo da história. Os prazeres do banho, por exemplo, já chegaram a ser condenados por um período.

Para saber mais sobre a história dos banhos, acesse o *QR Code*.

https://s.ftd.li/Banho

Ao longo da história do **Cristianismo**, a visão de corporeidade sofreu influências de diferentes correntes de pensamento. Por isso, faz-se necessário voltar às origens do pensamento cristão, de modo a reconhecer o papel e o lugar que a corporeidade recebe na visão cristã do ser humano e a contribuição específica dessa visão para a humanidade.

O Cristianismo tem origem na tradição judaica, uma vez que nasceu na Palestina, iluminado pela tradição presente no Primeiro (Antigo) Testamento. Os relatos da criação, apresentados nos capítulos 1 e 2 do livro do Gênesis, refletem a visão da tradição hebraica: o ser humano foi modelado com o pó do solo, recebeu de Deus o sopro da vida e tornou-se um ser vivente (Gênesis 2,7) e Deus viu que tudo o que havia feito era bom (Gênesis 1,31). Nessa tradição, o ser humano é uma unidade composta de corpo e alma.

A vida e as ações de Jesus apontaram para essa mesma visão e para o valor da corporeidade, demonstrando preocupação com quem sofria em seu corpo as consequências de doenças ou da exclusão. Observe a passagem bíblica a seguir.

> “Jesus percorria todas as cidades e vilarejos, ensinando nas sinagogas deles, pregando o evangelho do Reino, e curando toda doença e toda enfermidade.”

MATEUS, CAPÍTULO 9, VERSÍCULO 35. *In*: **Bíblia pastoral**. São Paulo: Paulus, 2015. p. 1 197.

A cura da lepra, de Harold Copping. c. 1920. Litografia. Coleção particular.

No entanto, como as comunidades cristãs dos primeiros tempos receberam influência da cultura do mundo greco-romano, muitas características da filosofia grega foram assimiladas, especialmente do pensamento de Platão (c. 428-347 a.C.). O pensamento platônico era dualista, ou seja, considerava que o ser humano era composto de dois elementos – corpo e alma – distintos, sendo o corpo inferior à alma.

No século XIII, entretanto, esse dualismo platônico que permeou o Cristianismo durante centenas de anos foi superado pela afirmação contida em uma obra de outro pensador, Tomás de Aquino, chamada **Suma teológica**. Para Tomás de Aquino, o ser humano não é apenas uma alma, mas um conjunto composto de alma e corpo.

Estátua de Tomás de Aquino, em Villa Borguese, Roma, Itália.

CLAUDIO ZACCHERINI/SHUTTERSTOCK.COM

Platão, o famoso filósofo grego clássico. Busto mantido no Museu do Louvre. Autor desconhecido, publicado em Magasin Pittoresque, Paris, 1842.

MARZOLINO/SHUTTERSTOCK.COM

3 Construa um mapa mental que sintetize a ideia de corporeidade ao longo da história do Cristianismo.

No **Budismo**, o corpo é visto como algo impermanente, sujeito a mudanças como envelhecimento, doença e morte, mas que deve ser cuidado. Assim, o ser humano deve preservar seu corpo e sua mente, agindo de forma a não prejudicá-los. A proposta budista é ter certo desencanto pelo corpo, superando a vaidade e tomando consciência de seu limite e sua fragilidade. O termo tibetano para designar corpo é *lü*, que significa "algo que você deixa para trás", como bagagem. Essa palavra reforça a ideia de que somos apenas viajantes, temporariamente abrigados neste ciclo e neste corpo, o qual é fonte de apego e continuidade de vida e, portanto, causa de sofrimento. Assim, eliminar o sofrimento é estabelecer uma relação saudável com o corpo por meio da aceitação de seus limites e de suas possibilidades.

SUNTI/SHUTTERSTOCK.COM

Monge budista meditando em meio à natureza.

Nas **tradições afro-brasileiras**, a corporeidade vai além da condição física ou estética: é vista como o principal elo entre o ser humano e o Sagrado, pois é a morada dos orixás e a janela de comunicação entre a humanidade e as divindades.

Nessas tradições, há a noção de "corpo fechado", ou seja, protegido de todo o mal. Somente um corpo saudável e equilibrado tem condições de ser instrumento para os diversos rituais litúrgicos, além de um meio de transmissão do axé, a energia vital.

4 Indique as concepções de corporeidade no Budismo e nas tradições afro-brasileiras.

ARTE QUE ENCANTA

FOTOS593/SHUTTERSTOCK.COM

Sadhu no Nepal. Por meio da pintura facial, o fiel hinduísta marca a fé em seu próprio corpo.

Para muitas tradições religiosas, o corpo tem um papel fundamental na relação simbólica com o sagrado. É por meio dele que o ser humano entra em contato com as demais pessoas e com o Transcendente. Gestos, danças, pinturas corporais e movimentos compõem uma gama de possibilidades do corpo como expressão da fé.

No Hinduísmo, o termo *sadhu* designa a pessoa que se dedica às práticas espirituais e à busca de Deus. Essas pessoas destacam-se não só pelo estilo de vida de desapego aos bens materiais, mas também pela prática da pintura facial, com diversos formatos e cores, conhecida como *tilak*. Ela pode ocupar toda a face, porém o destaque está na pintura da testa, que funciona como o terceiro olho. O simbolismo do terceiro olho é rico de significados: representa a capacidade de intuição, ou seja, a habilidade que uma pessoa tem de entender uma divindade.

A *tilak* é considerada, também, uma marca sagrada que explicita qual vertente do Hinduísmo o *sadhu* segue – a do deus Shiva ou a de Vishnu –, funcionando como um selo que consagra o corpo como a morada da divindade que ele invoca, além de ser um escudo que o protege e o livra de todo o mal.

DIÁLOGOS

NIKONLAMP/SHUTTERSTOCK.COM

Representantes do povo Maori, da Nova Zelândia, utilizam tatuagens denominadas "ta moko" como ritual. Fotografia de convenção de tatuagem em Amsterdã, Holanda.

Do ponto de vista biológico, pinturas corporais como as tatuagens são permanentes porque a agulha com tinta atravessa a parte superficial da pele, chamada epiderme, e deposita a tinta na derme, repleta de vasos sanguíneos e nervos. Cada picada da agulha produz uma microferida, e o corpo imediatamente reage a ela iniciando um processo inflamatório. O corpo envia células do sistema imunológico para o local machucado, e algumas células especiais absorvem a tinta, na tentativa de limpar a inflamação causada por ela. O que sobra acaba absorvido por outras células, que permanecem na derme.

1 Explique o sentido da pintura facial para os *sadhus* no Hinduísmo. Converse sobre a questão com um colega.

EM GRUPO

Em grupos, pesquisem o objetivo das maquiagens e tatuagens para as culturas ocidental e oriental. Em data previamente combinada com o professor, apresentem para a turma o que pesquisaram.

Kabir (1440-1518), um dos mais importantes poetas místicos indianos do século XV, foi considerado por muitos um *sadhu*, ou seja, um sábio, um santo. Leia a seguir um de seus poemas, traduzido para o inglês por Rabindranath Tagore.

41

Ó *sadhu*! O que pode ser melhor que a união?
Desde o dia em que encontrei meu Senhor,
O jogo de nosso amor não teve fim.

Por que fechar os olhos?
Por que tapar os ouvidos?
Por que mortificar o corpo?

Se abro os olhos, vejo sua beleza em toda parte.
Se digo seu nome, ao escutar minha voz, lembro-me dele.
Se estou deitado, sentado ou em pé, meu coração fica com ele.

Aonde quer que eu vá, caminho ao seu encontro.
O que quer que eu faça, faço por ele, faço para ele.
A ele, a ele somente, dirijo toda minha atenção.

Minha língua pôs de lado os sons impuros,
E, dia e noite, hora após hora, evoca e invoca sua glória.
Quando, cansado, enfim me calo, seu nome ainda ecoa em mim.

Kabir diz: Meu coração exulta.
Descerrei em minha alma o que estava oculto.
Estou imerso nesta felicidade, que transcende a dor e o prazer.

SAHAS2015/SHUTTERSTOCK.COM

KABIR. **Kabir**: cem poemas. Seleção e Tradução ao inglês de Rabindranath Tagore. Tradução de José Tadeu Arantes. São Paulo: Attar Editorial, 2016.

2 Apresente a ideia principal do poema de Kabir. Transcreva versos que a representam.

____

____

____

____

____

____

OS POVOS E O SAGRADO

O corpo também é tema recorrente nos mitos de criação das tradições religiosas, que tratam da origem da vida humana e do corpo em sua relação com o Transcendente. Leia a seguir um trecho do mito da criação para os indígenas da etnia Tariana, que vivem no estado do Amazonas.

VADIM SADOVSKI/SHUTTERSTOCK.COM

> [...]
>
> No início, quando não existia nada, só existia um ser [...], o Trovão, Ennu [...]. Ele vivia só em sua casa, no alto, e começou a pensar sobre a possibilidade de criar novas pessoas. Mas inicialmente apenas pensou neles. E pensou em um homem e em uma mulher, Kui e Nanaio. Mas ele não sabia ainda como faria. [...] soprou [uma] fumaça no chão e todas as coisas que havia em seu pensamento apareceram ali. Kui e Nanaio apareceram também, e sentaram-se nos bancos de quartzo, que estavam sobre os **paris**. Eles não eram pessoas como nós, pois seus corpos não eram ainda como os nossos. Nós os chamamos de ĩta-masa, literalmente "gente pedra" [...], não porque fossem feitos de pedra, mas porque a duração de sua vida é indeterminada.
>
> [...]

Pari: armadilha para apanhar peixes em rios.

ANDRELLO, Geraldo. Nossa história está escrita nas pedras: conversando sobre cultura e patrimônio cultural com os índios Uaupés. **Revista do Patrimônio Histórico e Artístico Nacional**, Brasília, n. 32, p. 141-142, 2005.

Na tradição religiosa judaico-cristã, a narrativa mitológica da criação também relata a origem do ser humano e de sua corporeidade. Leia o trecho a seguir.

> E Deus disse: "Façamos o homem à nossa imagem, conforme a nossa semelhança, e que domine sobre o peixe do mar, sobre a ave dos céus, sobre o quadrúpede e em toda a terra, e sobre todo réptil que se arrasta na terra!". E Deus criou o homem à sua imagem, à imagem de Deus o criou; macho e fêmea, criou-os. [...] E o eterno Deus formou o homem [Adám] do pó da terra e soprou em suas narinas o alento da vida, e o homem tornou-se ser vivente.

Torá. Gênesis 1,26-27; 2,7.

- Quais são as principais diferenças em relação à criação do homem e da mulher na tradição indígena Tariana e na judaico-cristã? Converse com os colegas.

O CUIDADO COM O MUNDO

Para alguns, lidar com o corpo é ter a experiência com o sagrado. Para tantos, é enfrentar os limites e os desafios do próprio corpo.

Veja, na entrevista a seguir, a história do *rapper* brasileiro Moysés Martins e sua vivência da corporeidade por meio da fé. Desde que iniciou sua experiência com o Transcendente, passou a enxergar os limites de seu corpo como possibilidades de ser feliz e ajudar outras pessoas a serem também.

[...]

Aos 46 anos de idade, Moysés mostra que superou o capacitismo há muito tempo. O rap foi só mais uma das armas que usou para encarar obstáculos do cotidiano de uma pessoa com deficiência física. "Tive que vencer dois preconceitos. Um por ser negro e o outro, por ser deficiente. Eu mesmo, por muito tempo, fui responsável pelo meu vitimismo, por aceitar a forma errada que as pessoas me olhavam e me julgavam", declara Martins.

Filho mais novo dentre 7 irmãos e o único adotivo de Dona Zefa e Seu Nelson, Moysés contraiu poliomielite, conhecida também como paralisia infantil, quando tinha seis meses de vida. "Me considero uma pessoa abençoada. Assim como Moisés, que na Bíblia diz que foi adotado pela esposa do faraó do Egito. Da mesma forma, aconteceu comigo", revela. [...]

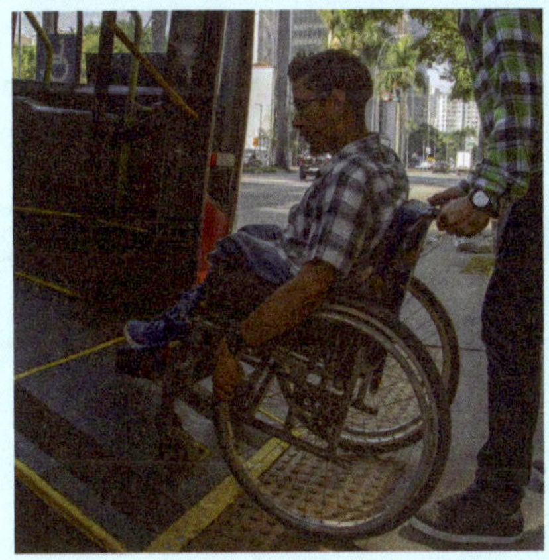

JUNIOR ROZZO/ROZZO IMAGENS/IMAGE SIZE

Uma das lutas de Moysés a favor das pessoas com deficiência foi pela acessibilidade nos ônibus. Na imagem, pessoa com deficiência entra em ônibus adaptado. São Paulo (SP), 2016.

Em 1997, Moysés fundou o grupo A286. Segundo ele, ter uma banda para fazer rap era uma forma de se libertar. [...]

Atualmente, o rapper tenta aliar os ensinamentos que aprendeu nos livros com o evangelho. A religião, segundo ele, foi a maneira de se reconectar com a família e com ele mesmo. Membro da Igreja Adventista, Moysés prega, dá seu testemunho e manda suas rimas em diferentes congregações pelas periferias da capital paulista. [...]

"Posso dizer que os ônibus aqui da quebrada foram adaptados com os elevadores por minha causa. Sempre fui amigo de todo mundo aqui e sempre me ajudaram e ainda me ajudam, mas eu também quis a minha independência e reclamei muito. Antigamente só tinha um ônibus adaptado. Hoje todos têm", afirma Moysés. [...]

Moysés conta com o entusiasmo dos cadeirantes que se identificam com seu trabalho e fazem questão de mostrar isso de alguma forma. "Acho o maior barato quando nos shows aparece alguém levantando a cadeira de rodas. Só a gente sabe o trampo que é pra quem é deficiente conseguir colar num show de rap, num lugar com muita gente. Aí que eu vejo que a mensagem está chegando".

MENDES, Gil Luiz. Moysés Martins, o rapper que mostra o "Brasil deficiente". **Terra**, 1º jun. 2022. Disponível em: https://www.terra.com.br/comunidade/visao-do-corre/role-de-quebrada/moyses-martins-o-rapper-que-mostrao-brasil-deficiente,9daf0c31db2a4038b9a7961cd3140d705lh0tjr8.html. Acesso em: 23 fev. 2024.

- Após a leitura do texto, discuta com os colegas as questões.
  a) De que forma a experiência religiosa colaborou para que Moysés lidasse com a deficiência e ajudasse outras pessoas?
  b) Qual é a importância de ações visando assegurar a acessibilidade a pessoas com deficiência?

Para saber mais sobre a história e a obra de Moysés Martins, acesse o *QR Code*.

https://s.ftd.li/Moyses

OUTROS OLHARES

Na sociedade, de modo geral, o modelo ideal de beleza e perfeição física a ser atingido é norteado pelos padrões ditados pela moda e pela mídia. No entanto, essa preocupação com o corpo não é algo novo. Na Grécia antiga, os jovens faziam grandes esforços para conquistar o corpo que consideravam "perfeito".

Nos dias atuais, muitos jovens, com tantas transformações físicas e psicológicas típicas dessa fase da vida, também passam um tempo considerável almejando ter um corpo perfeito. Para isso, sacrificam-se fazendo dietas de emagrecimento ou exercícios extenuantes em academias, esquecendo que cada pessoa tem suas próprias características físicas.

Essa situação foi agravada com as redes sociais, já que esses espaços impulsionaram novas formas de pressão sobre as pessoas, principalmente os jovens. Leia a seguir trechos de duas reportagens a respeito desse tema.

"Redes sociais podem ser uma máquina de moer a autoestima"

Segundo a psicóloga Tamara Macedo, dependência de adolescentes por filtros digitais e comparação com influenciadores refletem insegurança de jovens com sua aparência

Segundo a psicóloga Tamara Macedo, a autoestima é uma construção social de valores, podendo afetar a própria percepção visual ou intelectual. Conforme o relatório "Girls' Attitudes Survey 2020" mostrou, 80% das meninas de 11 a 21 anos pensam sobre mudar sua aparência.

Macedo explicou que a era digital tem forte influência nessa elevada parcela de jovens com baixa autoestima. Segundo ela, o uso das redes sociais pode ser a principal causa do problema: "A comparação com influenciadores digitais impacta negativamente a autoestima das pessoas, principalmente os mais jovens. Se já é difícil para adultos, para adolescente é pior, porque eles ainda estão em processo de desenvolvimento."

[...]

Ainda de acordo com o relatório, cerca de 5 a cada 10 meninas que dizem querer mudar a aparência física, esperam melhorar a autoconfiança, mas 32% delas buscam a aprovação e a sensação de aceitação social.

Pensando em mudar a aparência e em meio ao peso das redes, jovens recorrem a ferramentas digitais que retocam a pele, aumentam os lábios e os olhos, e reduzem o nariz. Segundo uma pesquisa realizada pelo projeto "Dove pela Autoestima", aos 13 anos, 84% das meninas já usam filtros, como os do Instagram. Por isso, monitorar as redes e controlar o tempo de uso, bem como quem o usuário segue, é uma forma de amenizar os impactos, como conta a psicóloga: "É importante fazer uma limpa, selecionar quem você segue, com base no que te faz bem e proporciona maior representatividade."

Macedo explica ainda que a má relação com o próprio corpo pode levar jovens adolescentes a desenvolver problemas psicológicos, levando ao adoecimento. Dismorfia corporal, síndrome de borderline, transtorno de imagem e distúrbios alimentares são algumas das possíveis consequências psíquicas. Além disso, os jovens frequentemente limitam suas ações: "Quando falamos sobre a baixa autoestima de adolescentes, é sobre eles não se permitirem fazer coisas simples, como tirar fotos."

[...]

GABRIELE, Beatriz; RACIUNAS, Carolina; FRAZATO, Maria Eduarda. "Redes sociais podem ser uma máquina de moer a autoestima". **AgeMT**, 30 set. 2021. Disponível em: https://agemt.pucsp.br/noticias/redes-sociais-podem-ser-uma-maquina-de-moer-autoestima. Acesso em: 23 fev. 2024.

EDITORIA DE ARTE

Lei na Noruega obriga influenciadores a admitir retoque de fotos

Barrigas chapadas, lábios carnudos, pele lisa feito pêssego... Quando olhamos as fotos publicadas nas redes sociais, é difícil saber às vezes o que é real ou que partes foram editadas.

Mas será que um aviso indicando que as publicações possuem filtros ou passaram por alguma modificação ajudaria a melhorar a autoestima dos usuários?

Na Noruega, uma nova lei em vigor exige que influenciadores digitais não postem fotos editadas sem informar o que fizeram nas imagens.

As regras afetarão qualquer postagem paga em plataformas de mídia social, como parte de um esforço para "reduzir a pressão nos mais jovens sobre a aparência de seus corpos".

Por ora, não existem discussões e projetos de lei sobre a questão da edição de imagens nas redes sociais no Brasil.

[...]

GRANT, Kirsty. Lei na Noruega obriga influenciadores admitir retoque de fotos. **BBC News Brasil**, 7 jul. 2021. Disponível em: https://www.bbc.com/portuguese/geral-57756793. Acesso em: 23 fev. 2024.

1. O que significa a afirmação "a autoestima é uma construção social", feita pela psicóloga Tamara Macedo? Explique.

2. Por que os filtros usados nas fotos publicadas em redes sociais podem afetar negativamente jovens e adultos? Converse com os colegas, apresentando exemplos.

3. Identifique como as concepções de corporeidade presentes nas tradições religiosas podem ajudar a lidar com os problemas de autoestima apresentados nos textos.

4. Em dupla, reflitam sobre como evitar os impactos negativos das redes sociais na percepção que temos de nosso próprio corpo. Discuta estratégias com os colegas.

ALÉM DA IMAGEM

O número de casos de violência contra a mulher aumentou em 2022 em relação ao ano anterior, de acordo com pesquisa do Fórum Brasileiro de Segurança Pública. É importante compreender que a violência sofrida pode ser de vários tipos, como assédio físico ou moral, exploração sexual, tortura psicológica, agressões físicas e verbais de parceiros ou familiares, perseguição, entre outras.

A imagem a seguir é de uma campanha lançada pela Organização das Nações Unidas (ONU) no Brasil, em 2022, com o objetivo de conscientizar a população sobre cinco tipos de violência cometidos contra mulheres: psicológica, moral, patrimonial, sexual e física.

ORGANIZAÇÃO DAS NAÇÕES UNIDAS (ONU)

Campanha da ONU no Brasil para o fim da violência contra as mulheres, em 2022.

- Com base na análise da imagem, qual é a mensagem que a *hashtag* #ParaCadaUma comunica?

TEIA DO CONHECIMENTO

Para fechar este capítulo, você é convidado a refletir sobre o que mais contribuiu para modificar e transformar seu jeito de olhar a dimensão da corporeidade nas tradições religiosas.

Na adolescência, todos passam por várias transformações físicas e psicológicas, o que pode causar insatisfação consigo mesmo. Leia o texto a seguir sobre o assunto.

> [...]
>
> Conforme explica Denise Quaresma da Silva, psicóloga e pós-doutora em Estudos de Gênero, a autoestima não é algo estático. Ela pode se modificar conforme as diversas experiências tidas ao longo da vida e ser uma representação positiva (de autoaprovação) ou negativa (de depreciação).
>
> O que acontece atualmente, é que as redes sociais estão repletas de referências e modelos a serem seguidos. [...]
>
> "Os conteúdos disponibilizados, embora possam não corresponder com a realidade, pois os corpos expostos são trabalhados com filtros, atuam como uma fonte de comparação e autoavaliação para os/as seguidores/as, que ao se perceberem 'falhos' em relação ao que está sendo visto, acabam com baixos níveis de autoestima e sentimento de insegurança em relação a si mesmos", afirma Denise.
>
> O caminho para tentar reverter essa insatisfação e tentar alcançar um corpo irreal, "fabricado pelos filtros" – nas palavras da psicóloga –, é a busca por procedimentos que acabam padronizando os corpos. [...]

SOARES, Vitória Nunes. Uso excessivo de filtros nas redes sociais pode diminuir a autoestima. **Correio do Povo**, [s. d.]. Disponível em: http://cm.correiodopovo.com.br:8080/preview/www/2.773/2.778/2.801/1.883228. Acesso em: 16 abr. 2024.. Acesso em: 13 mar. 2023.

- Em grupos, com base no texto e no que estudaram no capítulo, criem um cartaz para uma campanha de conscientização sobre problemas de autoestima que podem ser provocados pelo uso das redes sociais. Vejam as etapas.

1. Reflitam sobre a questão: De que maneira uma pessoa pode ter sua autoestima abalada por causa das redes sociais?
2. Pensem em modos de ajudar as pessoas com problemas de autoestima. Com base em uma das perspectivas religiosas abordadas no capítulo, determinem qual será a mensagem da campanha.
3. Criem um *slogan* para a campanha e escolham uma imagem marcante (foto ou ilustração), que represente a ideia que vocês querem transmitir ao público. O cartaz pode ser produzido em plataformas digitais, sob a supervisão do professor.
4. Ao final, compartilhem o cartaz entre os grupos da turma ou com a comunidade escolar.

DICA

O *slogan* da campanha deve ser, de preferência, uma frase curta, que transmita de forma concisa e rápida a essência da mensagem pensada pelo grupo.

CAPÍTULO 6

A experiência do sagrado na arte e na vida

FELIPE MULE/MOMENT/GETTY IMAGES

> [...] a arte por natureza é a dimensão sacral do homem, quer dizer, ela é um elemento gratuito da vida [...] é uma expressão humana de felicidade, de alegria, de louvor, de prazer. [...]
>
> PASTRO, Cláudio. A experiência religiosa é, desde a primeira página da Bíblia, a experiência do belo. *In*: **Revista Dominicana de Teologia**, jan./jun. 2009.

NOVOS HORIZONTES

Arte e religião são duas expressões humanas muito próximas, afinal ambas estão relacionadas à celebração e à subjetividade. Você já parou para pensar nos sentimentos e nas emoções que se manifestam na contemplação de uma pintura, durante a audição de uma peça musical ou na participação de um culto religioso? Tanto na arte quanto na religião, a linguagem usada para comunicar é simbólica. É pelo símbolo que temos contato com o sagrado e o Transcendente.

Sobre o tema, observe a imagem, converse com os colegas e responda.

a) De que maneira uma obra arquitetônica como a desta abertura – a Basílica de Notre-Dame, em Montreal, Canadá – traduz a comunhão das pessoas com o Transcendente?

b) Na epígrafe, o artista Claúdio Pastro comenta que a arte é a "dimensão sacral" do ser humano. O que você compreende a respeito dessa afirmação?

c) A dimensão estética, ou seja, tudo aquilo que se pode apreciar por sua aparência, tem uma forte expressão nas tradições religiosas. Você já vivenciou uma situação de se sentir maravilhado diante de algo que considerou belo? Compartilhe com os colegas.

CONSTRUINDO SABERES

LEEMAGE/CORBIS/GETTY IMAGES

Arte e religião

A religiosidade está presente na vida dos seres humanos desde a Pré-História. Por meio desse fenômeno individual e coletivo, nossos ancestrais encontraram uma maneira de se comunicar com o Transcendente.

Ao longo da história, o ser humano ampliou a função da religião para compreender também sua origem e a do Universo, e passou a expressar, por meio da criação artística, os símbolos de suas crenças e visões de mundo.

Podemos afirmar que religião e arte, manifestações que fazem parte da experiência humana, estão intimamente ligadas. Ambas apresentam linguagens simbólicas que se fundem ao processo de construção do ser humano.

Vênus de Willendorf, autor desconhecido. c. 2400-2200 a.C. 11 cm de altura. Museu de História Natural, Viena, Áustria. Graças às suas formas corporais exageradas, uma das possíveis teorias sobre o significado da estatueta na cultura pré-histórica é de que ela representava a fertilidade ou a deusa mãe.

DIÁLOGOS

A Estética é um ramo da Filosofia que estuda o belo em todas as dimensões da vida humana. Segundo o filósofo alemão Hans-Georg Gadamer (1900-2002), a arte como transcendência não pode ser reduzida somente a uma dimensão expressiva. O belo, sobretudo na arte, é considerado aquilo que nos reconecta ao mundo e a nós mesmos. A arte está presente em pinturas, esculturas, músicas e na arquitetura dos templos religiosos. Assim como a arte, a dimensão religiosa constitui uma experiência de transcender.

SPECH/SHUTTERSTOCK.COM

Órgão da igreja de Saint-Jacques, em Reims, França. A música tocada nos órgãos de algumas igrejas também proporciona uma experiência estética aos fiéis durante as celebrações.

Quando pensamos em arte e religião, chegamos inevitavelmente ao conceito de **estética**, que se propõe a refletir sobre a natureza da beleza e do fenômeno artístico presentes nas formas, nas cores, nos movimentos, nos lugares, nos sons etc.

A vivência religiosa realizada como experiência estética envolve o ser humano inteiro: sentidos, afetos, emoções e razão. Por isso, a arte – considerada comunicação, encontro, comunhão e expressão do sagrado – provoca no ser humano atitudes de admiração, contemplação, arrebatamento e êxtase. É um instrumento pelo qual a realidade sobrenatural e misteriosa do Transcendente impacta a vida de cada pessoa e de toda a humanidade. A arte é uma das mais poderosas ferramentas que o ser humano usou – e ainda usa – para sentir a presença do Transcendente e exprimir a experiência do sagrado.

1 Explique como o ser humano pode vivenciar o Transcendente por meio das manifestações artísticas.

____

____

____

A transcendência pela arte

Sabemos que o Islamismo tem como base as leis manifestadas ao profeta Maomé no monte Hira, e que o Judaísmo está fundamentado nas leis reveladas a Moisés no monte Horeb. As leis judaicas e as leis muçulmanas proíbem toda e qualquer imagem representando Javé e Alá, respectivamente. Desse modo, nessas culturas, a experiência do sagrado foi abolida da pintura e da escultura, pois o mais importante é viver o que lhes foi revelado. Em contrapartida, essas tradições desenvolveram a representação da relação com o sagrado na arquitetura, literatura, caligrafia, dança e música.

A arte islâmica é permeada pelas ideias religiosas de eternidade e infinito, assim como pelo conjunto de ensinamentos presentes no Corão e transmitidos por Maomé. Na arquitetura, os muçulmanos expressam sua fé nas mesquitas e nos madraçais – escolas religiosas islâmicas. Estas são ricas em **mosaicos**, com elementos geométricos, e **arabescos**; mas é na mesquita, espaço sagrado por excelência, onde os muçulmanos adoram Alá.

Arabesco: ornamento de origem árabe, geralmente entalhado ou pintado, que compõe um entrecruzamento de linhas, ramagens e flores.

Mosaico: técnica artística que consiste em revestir superfícies com pequenas peças coloridas de diferentes materiais, como pedras, conchas e areia, formando um painel com um desenho.

OKANOZDEMIR/SHUTTERSTOCK.COM

Mosaicos e arabescos entalhados em uma mesquita em Ancara, Turquia.

HALIT SADIK/SHUTTERSTOCK.COM

Interior da mesquita de Muhammad Ali, no Cairo, Egito. Em primeiro plano, observa-se o *minbar* (púlpito onde o líder religioso faz o sermão) e, ao seu lado, o mirabe (nicho na parede que indica a direção de Meca).

Fazem parte da arquitetura das mesquitas o mirabe, um espaço na parede que indica a direção de Meca para a qual os muçulmanos rezam; o *minbar*, púlpito em que o sábio ou líder realiza um sermão ou discurso; e os minaretes, torres utilizadas para chamar a comunidade para as orações.

Já a arte judaica é encontrada nas sinagogas que foram criadas ao redor do mundo em diferentes épocas, e, por isso, não apresentam um único estilo arquitetônico, mas grande variedade de formas e cores. Além disso, segundo a tradição, mais importante do que o espaço físico é a comunidade estar reunida para ler a Torá e realizar suas preces.

Grandes e belas sinagogas começaram a surgir na Europa a partir do fim do século XIX, quando os judeus foram reconhecidos como cidadãos em diferentes países. O espaço interno de uma sinagoga apresenta alguns elementos importantes para os rituais: a **Arca Sagrada**, em hebraico *Aron Hakodesh* (armário santo), onde estão depositados os pergaminhos sagrados (a Torá), e a ***bimá*** (mesa elevada) ou ***tevá*** (coreto), local onde é realizada a leitura dos textos sagrados e do Talmude – a lei oral e a doutrina judaica.

Acima da Arca Sagrada, está localizada a ***Ner Tamid*** – no passado, uma candeia ou vela, hoje em dia, uma lâmpada elétrica que fica sempre acesa quando há rolos da Torá na Arca. Tais lâmpadas podem ser fixadas na parede, acima do armário, ou pendentes do teto.

DAN PORGES/GETTY IMAGES

Interior da sinagoga Ades, em Jerusalém, Israel. Na imagem, é possível observar a *bimá*.

MATTHEW DICKER/SHUTTERSTOCK.COM

Sinagoga de Florença, em Florença, Itália.

2 Identifique aspectos da arte religiosa judaica e da islâmica.

A tradição religiosa cristã, em suas origens, teve sua arte influenciada pela cultura greco-romana, seguindo os modelos existentes na época. Nessa arte cristã primitiva, a pintura teve maior destaque, representada principalmente pelos afrescos das catacumbas romanas. Somente com o imperador Constantino (272-337), no século IV, a arquitetura e a escultura dos primeiros templos cristãos se desenvolveram de maneira exponencial.

Entretanto, desde o princípio do Cristianismo, manifestações artísticas como música, dança e literatura estiveram presentes nas práticas religiosas. Os cristãos católicos desenvolveram a pintura e a escultura; já os cristãos ortodoxos priorizaram em seus ritos e liturgias os ícones no lugar das esculturas. Na história do Cristianismo, várias correntes e estilos artísticos foram incorporados: pinturas **paleocristãs**, mosaicos bizantinos, além de igrejas de estilo arquitetônico românico, gótico, barroco, renascentista, entre outros.

Paleocristão: referente ao período de fortalecimento da cultura do Cristianismo, especialmente desde seu surgimento até passar a ser considerado religião lícita pelo Império Romano, em 313.

UNIVERSAL IMAGES GROUP/GETTY IMAGES

Catacumba de São Calisto, do século II, localizada na Via Ápia, em Roma, Itália.

TTSTUDIO/SHUTTERSTOCK.COM

As igrejas, catedrais e basílicas fazem parte da arquitetura cristã, especialmente a católica. De maneira geral, elas possuem torres apontando em direção ao céu, lugar da transcendência. A abóbada, que remete a uma cúpula celeste a qual envolve e protege toda a criação, simboliza uma tenda que acolhe a todos. A pintura e a escultura ganham um caráter sagrado e têm como objetivo decorar o espaço e colaborar para a contemplação, a devoção e a catequese dos fiéis.

A catedral de Notre-Dame (1163-1250), em Paris, França, é um famoso exemplo de arquitetura gótica.

AMPLIANDO

Filippo Brunelleschi (1377-1446) é considerado o pioneiro na arquitetura no Renascimento italiano. A ele deve-se a façanha de projetar uma cobertura para a Catedral de Florença, na Itália, cuja construção havia sido iniciada em 1296, no estilo gótico. Nesse projeto, Brunelleschi, influenciado pela arquitetura clássica, criou uma cúpula (c. 1420-1436) para o enorme espaço octogonal que estava sem cobertura. Essa cúpula tornou-se um marco no desenvolvimento da arquitetura italiana renascentista.

Para saber mais sobre Brunelleschi e a Catedral de Florença, acesse o *QR Code*.

https://s.ftd.li/Brunelleschi

BALONCICI/SHUTTERSTOCK.COM

Catedral de Florença, chamada de Duomo di Firenze, e sua grande cúpula projetada por Brunelleschi.

3 Quais são, para você, as características mais marcantes da arte no Cristianismo?

____

____

____

Nas tradições religiosas orientais, as manifestações artísticas são múltiplas. Para os budistas, a arquitetura dos templos envolve o santuário, conhecido como estupa, a estátua de Buda e os jardins externos, simbolizando a harmonia entre o ser humano, a natureza e a transcendência. A arquitetura deve favorecer a concentração, a meditação, o desenvolvimento da paz interior e a harmonia, mas também deve servir para as comemorações tradicionais, os festivais e as celebrações. Na tradição budista, os adeptos podem fazer um altar em casa, com uma imagem ou escultura de Buda, representando a iluminação. Para Buda, como sinal de fé, respeito e humildade, são realizadas oferendas de músicas, água, flores, incensos, luz, entre outros elementos.

COWARDLION/SHUTTERSTOCK.COM

Templo budista Kinkaku-ji (século XIV), em Kyoto, Japão.

4 Pesquise sobre a importância das expressões artísticas e suas funções nas tradições religiosas orientais. Escreva um breve texto sobre um dos aspectos que mais chamaram a sua atenção. Ao final, compartilhe o resultado com os colegas.

DICA
Seu texto deve simular uma postagem em rede social. Por isso, é importante que seja sucinto e objetivo.

SEGUIR

23 31 92

ARTE QUE ENCANTA

Um estilo de arte sacra muito conhecido é a arte bizantina, que teve sua expressão máxima nos mosaicos. Surgiu por volta do século IV, na antiga cidade de Bizâncio, quando o Imperador Constantino tornou a religião cristã lícita. Com o local sagrado oficializado, surgiu a preocupação com a decoração das basílicas – grandes edifícios antes usados como feiras e tribunais, que deram origem às igrejas católicas.

Assim, foram colocadas em discussão a importância e a pertinência do uso de imagens que representassem as figuras sagradas cristãs, chegando-se à conclusão de que pinturas e mosaicos poderiam contribuir na educação dos fiéis na fé e na experiência espiritual cristã, inclusive para aqueles que não sabiam ler e escrever. A Igreja, no entanto, estipulava que as composições criadas pelos artistas tivessem apenas elementos essenciais da cena retratada para que a atenção do observador não fosse desviada da mensagem bíblica.

Veja um mosaico bizantino que exemplifica essa característica.

BRIDGEMAN IMAGES/EASYPIX BRASIL

Mosaico **O Milagre dos pães e dos peixes**, autor desconhecido. c. 520. Basílica de São Apolinário, o Novo, Ravena, Itália.

Esse mosaico retrata a passagem bíblica em que Jesus alimentou as pessoas que o ouviam, realizando o milagre da partilha. Nota-se que o artista se ateve apenas aos elementos essenciais da narrativa. Além disso, o olhar firme de Cristo é direcionado para os cristãos que estão na basílica, tornando a função didática dessa obra evidente e efetiva.

No Cristianismo, além da Igreja Católica Apostólica Romana, existe uma grande diversidade de Igrejas. Uma delas é a Luterana, fruto do movimento reformador liderado pelo teólogo alemão Martinho Lutero, em 1517. Além de teólogo, Lutero era compositor de hinos. Por isso, na tradição da Reforma Protestante, a música passou a ser um fator indispensável na liturgia. Essa expressão artística deveria servir para a adoração e o louvor e para o ensino, de modo que as palavras dos Evangelhos falassem diretamente aos fiéis em forma de melodia.

Conheça um trecho de um de seus hinos, chamado "Castelo forte", cantado ainda hoje na Igreja Luterana e em diferentes Igrejas Evangélicas.

Castelo forte

Castelo forte é nosso Deus,
Espada e bom escudo.
Com Seu poder defende os Seus
Em todo transe agudo.
Com fúria pertinaz
Persegue Satanás,
Com ânimo cruel,
Astuto e mui rebel:
Igual não há na terra.
A força do homem nada faz;
Sozinho está perdido.
Mas nosso Deus socorro traz
Em Seu Filho escolhido.
Sabeis quem é? Jesus,
O que venceu na cruz,
Senhor dos altos céus;
E, sendo o próprio Deus,
Triunfa na batalha.

LUTERO, Martinho. Castelo forte. *In*: **Salmos e hinos**. Tradução de J. E. von Hafe. São José dos Campos: CLC, 1975. p. 516-517.

1. Qual é a imagem de Deus que "Castelo forte" deixa transparecer? Justifique sua resposta com trechos do hino.

2. As diferentes linguagens artísticas podem ser meio para a difusão e para as práticas religiosas. Em duplas, relacionem o mosaico **O milagre dos pães e dos peixes** e o hino "Castelo forte".

BIOGRAFIA

Martinho Lutero (1483-1546) foi um sacerdote germânico, professor de Teologia e figura central do movimento da Reforma Protestante, que dividiu Igrejas cristãs na Europa do início do século XVI. Insatisfeito com algumas práticas da Igreja Católica Apostólica Romana de sua época, Lutero publicou, em 1517, as 95 teses que propunham mudanças radicais na conduta da Igreja, especialmente na venda de indulgências para arrecadação de dinheiro. Essas teses não foram aceitas pelo então papa, Leão X, que ordenou a Lutero que renunciasse a elas.

Como não acatou a ordem, em 1521 Lutero foi excomungado e condenado à prisão. Sob a proteção do príncipe Frederico III da Saxônia, Lutero permaneceu escondido no Castelo de Wartburg (hoje na Alemanha) e passou a traduzir a Bíblia para o alemão, sua língua materna, produzindo a primeira Bíblia escrita em língua moderna.

PHOTOLIKE/SHUTTERSTOCK.COM

Monumento em homenagem a Martinho Lutero, em Wittenberg, Alemanha.

Para saber mais sobre Martinho Lutero, acesse o *QR Code*.

https://s.ftd.li/Lutero

OS POVOS E O SAGRADO

Desde a Antiguidade, a música tem papel fundamental na cultura e na religião do povo de Israel. Os hebreus soavam trombetas para convocar as pessoas para as celebrações ou eventos especiais. Harpas e liras eram utilizadas para os momentos de meditação dos reis. Tocavam-se tambores, **címbalos** e chocalhos nas comemorações e reuniões festivas.

Címbalo: instrumento de percussão, geralmente feito de metal.

Uma das primeiras músicas da Torá é conhecida como "Canto de vitória". Ela foi cantada por Moisés, Míriam e todo o povo de Israel assim que conseguiram escapar do exército egípcio, atravessando o Mar Vermelho. Essa passagem faz parte do Êxodo de Israel e está reproduzida a seguir, mostrando por meio de um trecho desse cântico.

"Cantarei a Javé, porque se vestiu de glória; ele lançou ao mar o cavalo e o cavaleiro. Javé é minha força e meu canto, a ele devo a salvação. Ele é meu Deus, e o glorifico, o Deus do meu pai, e o exalto. Javé é um guerreiro, Javé é o seu nome! [...] Míriam, a profetisa, irmã de Aarão, tomou na mão um tamborim e todas as mulheres a seguiram com tamborins, formando coros de dança. E Míriam lhes entoava: 'Cantai a Javé, pois de glória se vestiu; ele jogou ao mar cavalo e cavaleiro!'."

ALBUM/EASYPIX BRASIL/MUSEU DÜSSELDORF, ALEMANHA

Canção de Míriam, de Christian Köhler. 1836. Óleo sobre tela. 23,5 cm × 30 cm. Museum Kunstpalast, Düsseldorf, Alemanha.

Torá. Êxodo 15,1-3; 20-21.

- Descreva o motivo pelo qual Moisés, Míriam e todo o povo de Israel entoaram o cântico.

O CUIDADO COM O MUNDO

A música incentiva regiões cerebrais responsáveis pelo entendimento e pela produção da linguagem, ultrapassando as barreiras culturais e configurando-se como uma linguagem universal. Presente nos rituais humanos, religiosos ou não, por meio da música cria-se uma comunhão empática entre as pessoas.

A música também é um meio de resgatar a memória pessoal e coletiva. Leia, na reportagem a seguir, como o professor Allan de Souza conseguiu utilizar a música para fortalecer a identidade e a autoestima dos estudantes.

RAWPIXEL.COM/SHUTTERSTOCK.COM

Por meio da música, o professor Allan de Souza forteleceu a identidade e a autoestima dos estudantes.

Um professor de Português e Literatura chamou a atenção ao ensinar às crianças uma música sobre o respeito e a valorização de todos os tipos de cabelo. **Allan de Souza**, que trabalha no **Espaço de Desenvolvimento Infantil (EDI) Professor Carlos Falseth**, no Jardim América [Rio de Janeiro], afirmou que a ideia é fortalecer a identidade e autoestima. O vídeo viralizou nas redes sociais.

"O meu cabelo é bem bonito. É black power e bem pretinho. O do João também é bonito, é amarelo e bem lisinho. O da Vitória é uma gracinha, cor de chocolate, feito de trancinha. O do Ricardo é muito legal, é bem crespinho e é natural. Muitos formatos, vários cabelos. Não tenha medo, se olhe no espelho. Ele representa a sua identidade. Ninguém vai tirar a minha liberdade", cantam as crianças.

O professor conta que a música, descrita por ele como uma "**canção infantil antirracista**", surgiu a partir de uma conversa com outra professora, com quem trabalha na unidade. "Fui para casa, escrevi umas três letras e falei: 'Vou testar essa com eles, não sei o que vão achar'. Deu certo, eles adoraram, os outros coleguinhas também adoraram, e a gente está cantando até então" [...]. Allan revelou que professores de outros estados pediram para adotar também a música em sala de aula.

"É uma satisfação enorme, uma alegria imensa. Isso é muito mágico, esse momento que a gente está podendo trazer uma nova educação inclusiva, trabalhando com autoestima, valorização, acolhimento. Acho que a escola, a educação infantil tem que ser isso: esse espaço de mudança", destaca.

TORRES, Lívia. Professor e alunos fazem sucesso com música sobre valorizar todos os tipos de cabelo: "Não tenha medo, se olhe no espelho". **G1**, 19 ago. 2022. Disponível em: https://g1.globo.com/rj/rio-de-janeiro/o-que-fazer-no-rio-de-janeiro/noticia/2022/08/19/professor-e-alunos-fazem-sucesso-com-musica-sobre-valorizar-todos-os-tipos-de-cabelo-nao-tenha-medo-se-olhe-no-espelho.ghtml. Acesso em: 23 fev. 2024.

- Após a leitura do texto, discuta com os colegas as seguintes questões.
  a) De que maneira a canção criada pelo professor Allan de Souza ajuda a fortalecer a identidade e a autoestima das crianças?
  b) Pensando no trabalho de Allan de Souza, como a música e as experiências estéticas ajudam na valorização de posturas éticas presentes em muitas tradições religiosas?

Para saber mais sobre o trabalho de Allan de Souza, acesse o *QR Code*.

https://s.ftd.li/AllanSouza

OUTROS OLHARES

Como você viu, a experiência religiosa sempre foi permeada pela dimensão estética. No Brasil, por influência da mídia, presenciamos o crescimento da indústria da música *gospel*, das "*show*-missas", da suntuosidade dos megatemplos, dos grandes eventos religiosos, do luxo das vestes e da decoração dos lugares sagrados. Atualmente, o espetáculo religioso passa pela alta tecnologia e se torna disponível também na internet, em aplicativos e redes sociais.

Sobre esse tema, leia a seguir trechos de uma reportagem.

[...] O mundo começa a se familiarizar agora com a ferramenta virtual que, por meio da IA (inteligência artificial), constrói textos inteiros sobre praticamente tudo o que você possa imaginar. Basta dar um comando, como pedir a receita de um bolo de fubá ou um ensaio sobre Shakespeare, e o robô lhe devolve a obra pronta.

As pessoas têm testado o *chatbot* para as mais variadas funções. O pastor Melqui Ferreira não quis ficar de fora. De Surubim (PE), onde lidera a igreja Avivafé, ordenou: "Escreva um texto de 200 palavras sobre a importância de andar com Deus". Seja feita a vossa vontade. "Ele nos dá a direção, o propósito e a paz que precisamos para enfrentar os desafios e as incertezas do dia a dia", diz um trecho do escrito proposto pelo ChatGPT. [...]

É este o futuro da pregação cristã? [...]

"Você pode responder: 'Claro que não'. Talvez você simplesmente não acredite que tal coisa possa acontecer", escreveu o teólogo Russell Moore, até onde se sabe sem auxílio do *chatbot*, no Christianity Today, portal referência do cristianismo americano. "Mas imagine tentar explicar para alguém, 30 anos atrás, o Google ou um *app* da Bíblia para *smartphone*. E se a IA pudesse escrever sermões completamente ortodoxos, biblicamente ancorados e convincentemente argumentados para pastores todas as semanas?".

Não é só um exercício de imaginação. Da pernambucana Surubim à Carol Stream, vila americana que sedia o Christianity Today, líderes religiosos estudam como a nova tecnologia pode colaborar para a missão pastoral. Refletem também se falta a uma pregação redigida por máquina aquela faísca divina que eles creem lhes servir de inspiração.

[...]

O bispo Newton Rueda é um entusiasta de novas tecnologias. Lembra que sua igreja, a Renascer em Cristo, é vanguardista no campo virtual. Aderiu a redes sociais quando ainda era tudo mato e já até promoveu baladas gospel no metaverso. Mas a prudência é sempre sábia, diz. "A gente não sabe o quão invasivo vai ser o sistema", diz sobre o *chatbot* que vem causando comichão ético em várias áreas em que a palavra sempre foi central, da educação à advocacia.

Diretor de Tecnologia da Informação na Renascer, Rueda teme que a inteligência artificial absorva muito da nossa intimidade, extraindo nossos dados, para prosperar. Outro medo é extirpar da pregação o que poderíamos chamar de alma do texto. "Nós, como igreja, nunca vamos desprezar a capacidade do sacerdote de ter a revelação de entregar o que a pessoa precisa. O conteúdo de fé é de conexão direta da pessoa com Deus, e o sacerdote vai ajudar nessa mediação."

Não que o ChatGPT seja de todo ruim. Ele teria mais utilidade, na opinião do bispo, se indicasse fontes para aprimorar o sermão. "Um texto bíblico, um ministério que fale sobre o tema, o que já é feito nos sistemas de busca como o Google. Exceder-se a isso... Não sei até onde vai ter efeito espiritualmente. O pessoal ler o que a máquina construiu vai ser um discurso inócuo quanto ao poder do Espírito Santo." [...]

BALLOUSSSIER, Anna Virginia. ChatGPT chega a igrejas, e pastores se perguntam: tem Deus ali? **Folha de S.Paulo**, 11 fev. 2023. Disponível em: https://www1.folha.uol.com.br/mercado/2023/02/chatgpt-chega-a-igrejas-e-pastores-se-perguntam-tem-deus-ali.shtml. Acesso em: 23 fev. 2024.

Observe ao lado imagens criadas por inteligência artificial, por meio da ferramenta Midjourney, usando o comando com o termo em inglês *God* (Deus).

MIDJOURNEY

1 Com base no texto e nas imagens, descreva como as ferramentas de inteligência artificial podem interferir nas experiências religiosas. Além disso, destaque pontos positivos e negativos dessas novas ferramentas.

____

____

____

____

____

2 As pessoas entrevistadas na reportagem discutem se a inteligência artificial pode substituir a capacidade humana para a produção de sentido estético e religioso. Você acredita que esses sistemas podem produzir experiências semelhantes às dos seres humanos? Elabore a seguir argumentos para defender seu ponto de vista.

____

____

____

____

____

____

3 Você considera que imagens religiosas criadas por inteligência artificial podem expressar princípios éticos e valores necessários para a vida em sociedade? Discuta essa questão com os colegas.

ALÉM DA IMAGEM

É possível identificar, em diferentes celebrações religiosas, a presença de grande variedade de imagens e a organização do espaço sagrado de modo que proporcionem um espetáculo, com iluminação, equipamentos de som e dimensão musical abundantes. A estética está voltada à dimensão emocional por meio dos múltiplos meios sensoriais, como visão, audição e movimentos corporais.

A imagem a seguir mostra um culto em uma igreja evangélica sendo transmitido também ao vivo, em canais televisivos e no formato *on-line*.

EDUARDO MATYSIAK/FUTURA PRESS

Culto na Assembleia de Deus Vitória em Cristo, em Curitiba (PR).

- Pensando no avanço dos recursos digitais, como o uso da tecnologia influencia a relação do indivíduo com o Transcendente?

TEIA DO CONHECIMENTO

Arte e religião, como elementos do campo da linguagem simbólica, contribuem para que o ser humano perceba com maior profundidade o significado de sua história e o sentido de sua vida. Por meio dessa linguagem, o indivíduo percebe sua dimensão de transcendência, enxerga a sacralidade da vida e pode estabelecer uma relação profunda e verdadeira com o outro, com o mundo e com o Transcendente, tornando-se mais apto a construir seu projeto de vida.

Nas redes sociais, vídeos criados por uma sequência de telas são bem populares. Essas telas podem conter imagens, textos, áudios, *gifs*, entre outros recursos, e ser acompanhadas por trilha sonora.

- Refletindo sobre este capítulo, criem um vídeo-resposta ao questionamento: "Como a relação entre arte e religião contribui para a busca de um sentido para a vida?". Para responder, sob a supervisão do professor, sigam o roteiro a seguir.

1 Formem grupos para refletir sobre o questionamento proposto. De modo coletivo, pesquisem imagens, vídeos, sons, textos literários, entre outras expressões artísticas, que possam ser reunidas para a criação de um vídeo que responda à questão.

2 Além de pesquisar expressões artísticas, elaborem suas próprias produções, como fotografias, vídeos, desenhos ou textos. É importante reunir produções que apresentem relações entre si e convirjam para o mesmo tema.

3 Com o material reunido, sob a orientação do professor, utilizem uma ferramenta digital para a preparação do vídeo. Organizem o material na ordem mais apropriada e revisem todo o trabalho.

4 Ao final, compartilhem a produção com os colegas e debatam as relações entre arte e religião.

EDITORIA DE ARTE

DICA

Para que um vídeo chame a atenção do espectador e instigue a reflexão, é importante que todos seus elementos estejam articulados. Por isso, tenha o cuidado de reunir o material de modo a criar um sentido, utilizando imagens e recursos que se relacionem uns com os outros.

ESPAÇO DE...

MÚSICA

AUTOBIOGRAFIA MUSICAL E EXPERIÊNCIA SENSORIAL

Faz parte da experiência humana ouvir, cantar e tocar músicas. Nas diferentes fases da vida, a música pode criar e reforçar vínculos entre as pessoas e favorecer o contato com o Transcendente. Por isso, este projeto traz uma oportunidade de nos conhecermos melhor por meio da experiência musical. Além disso, vamos ampliar nossa experiência individual e comunitária com a música por meio de uma pesquisa e passar por vivências sensoriais muito especiais. Vamos lá?

ETAPA 1 Autobiografia musical

A autobiografia musical é um caminho que permite a compreensão de sua história pessoal por meio das músicas que marcaram as fases de sua vida. Essas canções trazem à tona as histórias que permearam sua relação consigo mesmo, com os outros, com o mundo e com o Transcendente. Vamos seguir o roteiro?

- Converse com seus familiares ou com a pessoa que cuidou de você quando era bebê e pergunte que canção você mais ouvia nessa fase da vida. Essa será sua primeira música. Pergunte também sobre histórias de que eles se lembram de quando você ouvia essa música.
- Depois, escolha mais três músicas que façam parte de sua história, que tragam à sua memória pessoas, fatos e momentos importantes: festas de família, aniversários, momentos na escola, com amigos, viagens, rituais religiosos etc.
- Para terminar, selecione duas músicas que representem como você vê o mundo, como pensa sobre seu futuro e como enxerga suas amizades.

Quando estiver tudo pronto, partilhe com a turma as músicas e histórias que compõem sua autobiografia musical. Seis músicas vão compor sua *playlist*, sua trilha sonora.

ETAPA 2 A música que fala ao coração

Possivelmente, ao criarem a autobiografia musical, vocês acabaram escolhendo muitas músicas por causa da letra. Mas e as músicas sem letra? Você já reparou na força que elas podem ter para despertar sentimentos? Em grupos, pesquisem músicas instrumentais que lhes proporcionem uma experiência de contato com seu "eu interior". Alguns estilos musicais podem favorecer mais essa experiência, como as músicas clássicas, as destinadas à meditação ou as sacras. Existem infinitas possibilidades. Escolham, então, uma música que os sensibilize, que represente a relação do grupo com experiências transcendentais. A canção escolhida por vocês será apresentada aos demais colegas na próxima etapa. O professor deverá reuni-las em uma única *playlist*.

DICA

Escutar de olhos fechados, relaxados, em um lugar confortável e usando fones de ouvido pode ajudá-los a selecionar a música que mais os sensibiliza.

#ParaPensar

De que maneira a música pode ser um elemento importante nas experiências religiosas?

OLLYY/SHUTTERSTOCK.COM

ETAPA 3 Uma experiência sensorial

A ideia desta etapa é "transformar sentimentos em imagem". Vamos associar o estímulo auditivo a um registro artístico. Para isso, vocês vão precisar da *playlist* com as músicas instrumentais escolhidas na Etapa 2 e de materiais para uma atividade de pintura. Espalhem pelo chão da sala folhas grandes de papel, cartolina ou papel de rolo, tintas de diversas cores, pincéis e outros materiais, como canetas, carvão, giz de cera e lápis de cor.

Com todo o material organizado, distribuam-se pelo espaço da sala. Por mais que a atividade seja coletiva, pois estarão juntos ouvindo as músicas, a vivência será individual, por isso é importante manterem-se concentrados, sem conversar com os colegas e sem se distrair com outros estímulos. Um ambiente de luz suave pode colaborar para intensificar a experiência.

Ao som da *playlist*, pintem, desenhem! Criem uma imagem, uma arte que expresse os sentimentos despertados pelas melodias. Transformem em arte gráfica toda a experiência de interioridade. O que lhes vem à cabeça? Que pensamentos tomam conta desse momento? São memórias ou sonhos para o futuro? Experiências religiosas?

Ao final da experiência, montem uma exposição com as obras criadas em um vídeo no formato *slideshow*. Usem uma ferramenta digital para esta atividade, sob a supervisão do professor. Compartilhem o resultado com toda a turma.

#ParaFechar

Em uma folha à parte, responda:

- Como a música faz parte de seu dia a dia? Você escolhe a música que vai escutar conforme seu estado de humor do momento?
- Como foi escutar, apreciar e escolher uma música instrumental para o trabalho sensorial? Que sentimentos foram despertados em você durante esse momento?
- Durante a pintura, o que lhe veio à mente? Que ideias, memórias e pensamentos apareceram?
- Você conseguiu transformar suas emoções em imagens gráficas?

O QUE APRENDI

Depois de conhecer diversas tradições religiosas com seus projetos de valores, alguns de seus mitos, suas concepções de sentido da vida, de corpo e de sagrado, tais quais suas manifestações artísticas como instrumentos de relação com o outro e com o Transcendente, agora você é convidado a realizar uma atividade para organizar os conhecimentos construídos ao longo do estudo desta unidade. Vamos lá?

1. Quais aspectos da unidade foram mais instigantes para você? Justifique suas escolhas.

2. Formule algumas questões relativas aos temas sobre os quais você refletiu nesta unidade. Depois, em duplas, conversem sobre as questões que vocês formularam.

VISITAR

O *site* do Museu de Arte Sacra de São Paulo traz uma grande variedade de conteúdos. Disponível em: http://museuartesacra.org.br/ (acesso em: 23 fev. 2024), é possível visitar exposições virtuais, acessar cursos livres, palestras gratuitas, entre outras atividades relacionadas à arte religiosa.

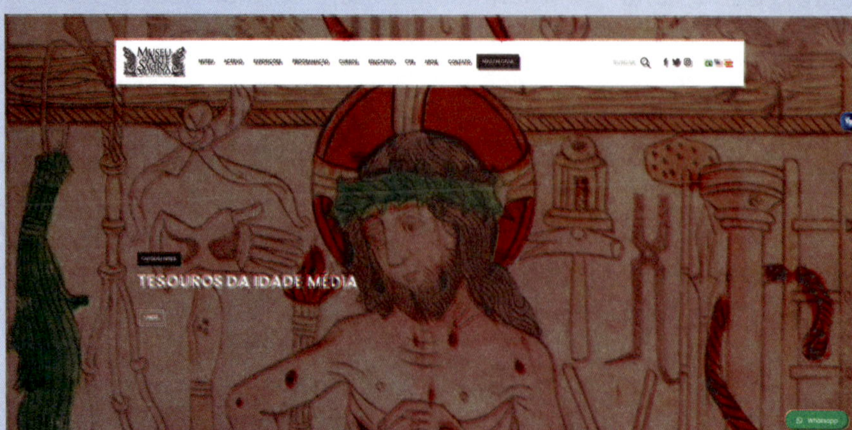

DISPONÍVEL: HTTP://MUSEUARTESACRA.ORG.BR/ACESSO EM 12/04/2023

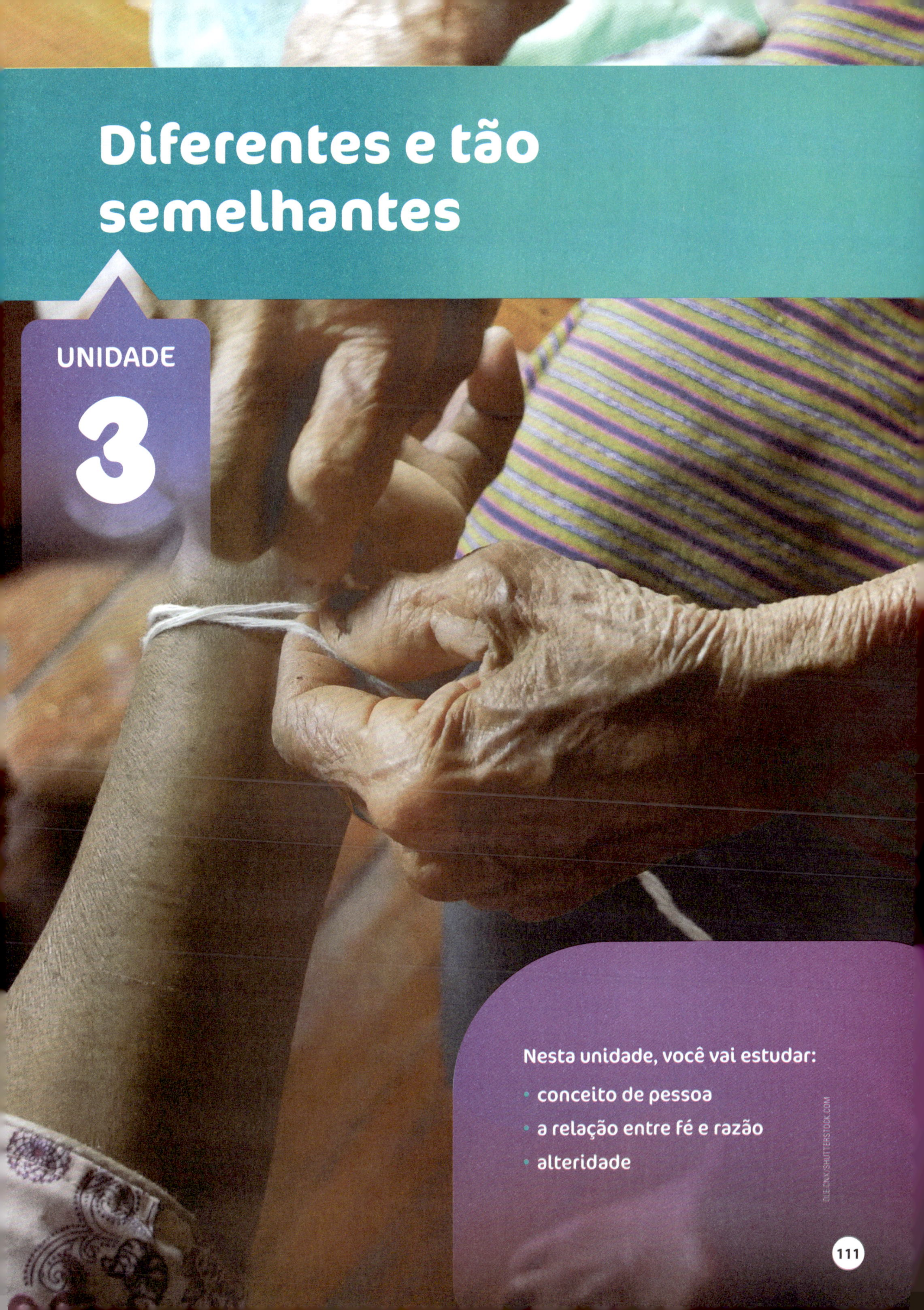

Diferentes e tão semelhantes

UNIDADE

3

Nesta unidade, você vai estudar:

- conceito de pessoa
- a relação entre fé e razão
- alteridade

OLEONX/SHUTTERSTOCK.COM

CAPÍTULO 7

Corpo e pessoa nas tradições religiosas

> [...] mente, corpo e alma devem estar em consonância com aquilo que se celebra.
>
> TEIXEIRA, Luiz Gustavo Santos. O corpo e sua relação com o sagrado. **Revista Eletrônica Espaço Teológico**, São Paulo, v. 10, n. 17, p. 220, jan./jun. 2016.

NOVOS HORIZONTES

O modo como enxergamos, entendemos, tratamos e construímos nosso corpo diz muito a respeito da sociedade e da cultura em que estamos inseridos. As diversas tradições religiosas exercem um papel muito importante na compreensão do que é o corpo enquanto expressão do sagrado e, portanto, de conexão com a alma.

Sobre o tema, observe a imagem, converse com os colegas e responda.

a) O que a imagem transmite sobre possíveis relações dos jovens com o próprio corpo?

b) Você já se perguntou quem você é? Já se questionou sobre a relação entre corpo e alma, por exemplo?

c) Você dedica algum período do dia para um momento de escuta e autoconhecimento? Comente.

DAVIDTB/SHUTTERSTOCK.COM

CONSTRUINDO SABERES

Corpo e alma

Ao longo do tempo e da História, diferentes áreas do conhecimento humano procuraram compreender a relação entre corpo e alma. As tradições religiosas também deram suas respostas a essa questão e podem contribuir para a construção de uma sociedade que valoriza o ser humano como pessoa plena de direitos. No entanto, de onde vem o conceito de pessoa?

Singularidade: qualidade do que é único, singular.

A **singularidade**, que o diferencia de todos os outros seres, é um dos pilares para o reconhecimento do ser humano enquanto pessoa. Além disso, o conceito de pessoa engloba a dimensão da corporeidade, pois é pelo corpo que o ser humano se reconhece como pessoa no mundo, na História, no tempo e no espaço.

Na cultura ocidental, os judeus e os cristãos desenvolveram a pessoalidade como um atributo, uma qualidade tanto do ser humano quanto do Transcendente.

Para o Judaísmo, a noção de pessoa ganha uma dimensão transcendente, pois foi Deus que criou o ser humano à sua imagem e semelhança. Criado a partir da argila, o ser humano passa a ser uma pessoa dotada de atributos como corporeidade e singularidade diante de toda a criação, mas também de dignidade e igualdade.

A noção de pessoa na tradição cristã

Na cultura ocidental, a concepção de pessoa ganha mais importância a partir da revelação cristã. Foi o Cristianismo que aprofundou o conceito de pessoa como um atributo de todo ser humano, por meio da imagem de Cristo, com sua dupla natureza, corporal e espiritual.

Assim como no Judaísmo, no Cristianismo o ser humano é visto como um ser concreto, criado à imagem de Deus. Mas o que significa ser uma pessoa para os cristãos?

O teólogo Alfonso Garcia Rúbio, em sua obra *Elementos de Antropologia teológica: salvação cristã: salvos de quê e para quê?* (2013), nos ajuda nessa resposta. O autor explica que ser uma pessoa pressupõe que todo ser humano é único, distinto do cosmos e de Deus, que rejeita todo tipo de escravidão e é capaz de assumir com responsabilidade as escolhas feitas.

Assim, o ser humano está permanentemente em busca de sua plena realização, mas em comunhão com o outro e com Deus; não se deixa reduzir a mero instrumento para fins diversos, pois ele não é um objeto ou uma coisa.

O corpo nos circunscreve no tempo e no espaço.

ONEINCHPUNCH/SHUTTERSTOCK.COM

MOTORTION FILMS/SHUTTERSTOCK.COM

Assim como no Judaísmo, além da imanência, há outra dimensão a considerar presente na pessoa: a da transcendência. O ser humano, na qualidade de pessoa, é um ser relacional, chamado a autotranscender-se. Isto é:

- **abrir-se ao mundo**, dando o melhor de si para construí-lo e torná-lo um lugar mais humano;
- **abrir-se aos outros seres humanos** por meio do diálogo e do respeito. É necessário assumir compromissos comunitários e sociopolíticos em defesa da justiça e da solidariedade;
- **abrir-se a Deus** em uma atitude de diálogo, porque o ser humano pode, de forma consciente e livre, viver uma relação com Deus na fé, na obediência e no amor.

Para os cristãos, ser uma pessoa significa também assumir responsabilidades com os demais seres humanos.

1 De acordo com o texto, apresente os fatores que compõem o conceito de pessoa.

2 Explicite como o Judaísmo contribuiu para o desenvolvimento do conceito de pessoa.

3 A consciência da dimensão da Transcendência ajudaria na construção de uma sociedade mais humana? Escreva no caderno um texto que explique como seria essa sociedade.

No século XX, muitos pesquisadores e pensadores cristãos recuperaram a reflexão sobre a singularidade e a complexidade do ser humano, constituído de espírito e de corpo. Para o pensador cristão francês Emmanuel Mounier (1905-1950), por exemplo, a pessoa é existência incorporada e encarnada, ou seja, entre sujeito e corpo há uma profunda e estreita comunhão. Por meio do corpo, a pessoa se relaciona consigo mesma, com o mundo, com os outros e com Deus. Portanto, o ser humano tem a capacidade de autotranscendência, e isso só é possível cultivando a espiritualidade.

DIÁLOGOS

Um dos pensadores que refletiu sobre a complexidade do ser humano foi Agostinho de Hipona (354-430). Nos primeiros séculos do Cristianismo, Agostinho pensou filosoficamente sobre a questão do dualismo entre o bem e o mal. Durante suas reflexões, apoiou-se em diversos pensadores, religiosos e não religiosos. Para ele, Deus não poderia ser o causador do mal, já que Ele seria o bem supremo e, portanto, Dele não poderia vir nada de ruim. Diante disso, então, conclui que o mal é a ausência de Deus, ou seja, a ausência do bem.

Agostinho de Hipona, de José de Ribera. 1635. Altar do Convento de las Agustinas y Iglesia de la Purísima. Salamanca, Espanha.

4. Explique, oralmente e com suas palavras, o que significa ser pessoa como existência incorporada e encarnada, de acordo com a proposta de Emmanuel Mounier.

5. Identifique a relação entre espiritualidade e autotranscendência.

____

____

O corpo nas tradições orientais e nas tradições de matriz africana

Nas tradições religiosas orientais, o conceito de pessoa está fundamentado na experiência mística e na visão holística da vida. A pessoa é um ser interdependente do Universo.

No Taoismo, a pessoa é compreendida como um elemento de ligação entre *yin* e *yang*, princípio de dualidade que permeia todas as coisas do Universo. Nessa concepção filosófica, essas duas forças são opostas e, ao mesmo tempo, complementares.

Já no Budismo, a pessoa, em sua essência, é amor, compaixão e generosidade consigo mesma e com todos os outros seres. Pela dimensão da corporeidade, por meio, por exemplo, da meditação, da contemplação, ela se situa no mundo e se relaciona com os outros seres.

Nesse sentido, nas tradições de matriz africana, o corpo é mais que um organismo biológico. Por ele, molda-se a forma de estar e de viver no mundo, já que a interação com os elementos da natureza e o resgate da própria ancestralidade, por exemplo, passam pela relação com a corporeidade.

É por meio de danças, de músicas e de ritos cujo instrumento é o próprio corpo que as pessoas resgatam saberes e expressam emotividades. O resultado dessa relação traz, para a própria cultura brasileira, diversidade de manifestações artísticas e religiosas, como a Congada, o Maracatu, o Bumba-meu-boi, o Maculelê etc.

SAIBA +

Nos últimos tempos muitas pessoas, incluindo cristãos, passaram a utilizar como meio de encontro com o Transcendente as práticas orientais de meditação, contemplação e iluminação. Para os cristãos, meditar é mergulhar na revelação de Deus realizada na vida de Jesus Cristo. Essa prática objetiva colocar o seguidor em sintonia com o projeto de Deus, que é "vida em abundância para todas as pessoas".

BRESLAVTSEV OLEG/SHUTTERSTOCK.COM

As práticas de meditação são usadas para a aproximação com o Transcendente.

A expressão da religiosidade na estética juvenil

Cuidar da nossa aparência de uma forma que nos faça sentir bem com a nossa imagem é uma maneira de demonstrar cuidado com o corpo, se isso for feito com equilíbrio. Entretanto, hoje em dia, especialmente os jovens, na constante busca por um corpo belo e perfeito, podem desenvolver atitudes e comportamentos prejudiciais à sua saúde física e psicológica.

Assim como existe grande diversidade de tradições religiosas, podemos afirmar também que há múltiplas juventudes, ou seja, os jovens explicitam suas diferenças em variadas dimensões, inclusive na perspectiva religiosa. A forma como seguem os preceitos e princípios religiosos muda de acordo com a tradição – e pode ser diferente, inclusive, dentro de uma mesma religião.

AMPLIANDO

As ferramentas digitais disponíveis em diferentes aplicativos permitem às pessoas testar filtros com novas cores e cortes de cabelo, assim como visualizar como seriam modificações no rosto e corpo. O uso desses recursos está cada vez mais em discussão, já que pesquisas recentes alertam que esses filtros alimentam visões distorcidas que as pessoas têm de si. Por influência dessas ferramentas e da idealização do rosto e do corpo perfeitos, muitos jovens recorrem a cirurgias plásticas, buscando alcançar a imagem produzida pelos filtros.

Para saber mais, acesse o *QR Code*.

https://s.ftd.li/Filtros

Diferentes religiões têm preceitos e princípios diferentes no que se refere à corporeidade: algumas afirmam que o corpo é sagrado; outras, que é fruto da vontade dos deuses; outras, ainda, que é o templo da alma.

Hoje em dia, observamos muitos jovens de diversas regiões do mundo seguirem diferentes práticas religiosas, como meditação, contemplação e relaxamento, para manter uma relação saudável com o corpo, levando para as religiões uma forma distinta de pertencimento que passa pelas novas tecnologias.

6 Discuta com os colegas como a mídia e a religião influenciam o conceito que os jovens têm a respeito da própria corporeidade, tendo em vista o mundo globalizado em que estão inseridos.

ARTE QUE ENCANTA

Desde a Antiguidade, o valor da pessoa, a cultura do corpo, o conceito de beleza e o que isso significa no comportamento pessoal e nas relações sociais é motivo de reflexão e debate. Um dos mitos gregos mais populares trata justamente dessa questão. Leia a seguir o mito de Eco e Narciso.

GALLERIA NAZIONALE D'ARTE ANTICA

Narciso, de Caravaggio. c. 1600. Óleo sobre tela. 110 cm × 92 cm. Galeria Nacional de Arte Antiga, Roma, Itália.

"

Narciso

Quando Narciso nasceu, sua mãe, uma ninfa belíssima, consultou o adivinho Tirésias para saber se aquele filho de extraordinária beleza viveria até o fim de uma longa velhice. Pareceram sem sentido as suas palavras:

– Sim, se ele não chegar a se conhecer. [...]

Um dia, Narciso caçava na floresta quando a ninfa Eco o viu. Eco, por causa de uma punição que Hera lhe infligira, só era capaz de usar da voz para repetir os sons das palavras dos outros. Ao se deparar com a beleza de Narciso, a ninfa se apaixonou por ele e se pôs a segui-lo. Quando resolveu manifestar o seu amor, abraçando-o, Narciso a repeliu. Desprezada e envergonhada, Eco se escondeu nos bosques com o rosto coberto de folhagens. O amor não correspondido a foi consumindo pouco a pouco, até que, depois de reduzida a pele e osso, seu corpo se dissipou nos ares. Restou-lhe, apenas, a voz e os ossos, que, segundo dizem, tomaram a forma de pedras. [...]

Havia uma fonte límpida, de águas prateadas e cristalinas, de que jamais homem, animal ou pássaro algum se tinham aproximado. Narciso, cansado pelo esforço da caça, foi descansar por ali. Ao se inclinar para beber da água da fonte, viu, de repente, sua imagem refletida na água e encantou-se com a visão. Fascinado, quedou imóvel como uma estátua, contemplando seus próprios olhos, seus cabelos dignos de Dioniso ou Apolo, suas faces lisas, seu pescoço de marfim, a beleza de seus lábios e o rubor que cobria de vermelho o rosto de neve. Apaixonou-se por si mesmo, sem saber que aquela imagem era a sua, refletida no espelho das águas.

Nada conseguiu arrancar Narciso da contemplação, nem fome, nem sede, nem sono. Várias vezes lançou os braços dentro da água para tentar inutilmente reter com um abraço aquele ser encantador. [...] Em seguida, esgotado, Narciso se deitou sobre a relva, e a Noite veio fechar seus olhos. Diz-se que, nos Infernos, Narciso continua a contemplar sua imagem refletida nas águas do rio Estige.

As ninfas, juntamente com Eco, choraram tristemente pela morte de Narciso. Já preparavam para o seu corpo uma pira quando notaram que desaparecera. No seu lugar, havia apenas uma flor amarela, com pétalas brancas no centro.

"

VASCONCELLOS, Paulo Sérgio de. **Mitos gregos**. São Paulo: Objetivo, 1998. p. 17-19.

STEPHEN B. GOODWIN/SHUTTERSTOCK.COM

Há narcisos de várias cores, além do amarelo da imagem.

Esse mito e as discussões que ele levanta já serviram de inspiração para diversos artistas. Ele foi representado em diferentes obras ao longo da história da arte. Observe as duas pinturas presentes nesta seção. Cada uma, a seu modo, representa passagens do mito de Narciso.

MUSEU DO LOUVRE, PARIS, FRANÇA

Eco e Narciso, de Nicolas Poussin. 1628. Óleo sobre tela. 74 cm × 100 cm. Louvre, Paris, França.

1. Como o mito de **Eco e Narciso** se relaciona com a cultura contemporânea do corpo e a busca por um ideal de beleza? Comente com os colegas.

2. Identifique os elementos utilizados por Caravaggio e Nicolas Poussin para retratar a história.

DIÁLOGOS

Os transtornos alimentares mais comuns entre adolescentes são anorexia, bulimia, vigorexia e TCAP, estes dois últimos menos conhecidos. A vigorexia é um transtorno dismórfico corporal que acomete principalmente os meninos, levando-os à obsessão por um corpo musculoso. Já TCAP é a sigla para transtorno de compulsão alimentar periódica, cuja principal característica é a ingestão de grande quantidade de comida em curtos intervalos. Na adolescência, o ideal de beleza e as falsas imagens apregoadas pela mídia acabam abrindo espaço para que esses transtornos apareçam.

PIXEL-SHOT/SHUTTERSTOCK.COM

OS POVOS E O SAGRADO

Na Bíblia, especificamente no Segundo Testamento, encontramos a Carta de Tiago, escrita no século I d.C. Nesse período, o pensamento judaico-cristão sobre o ser humano também era influenciado pela filosofia platônica, caracterizada pelo dualismo entre corpo e alma: depreciava-se o corpo, e muitos membros mais ricos da comunidade minimizavam as necessidades que os mais pobres passavam.

O autor da carta contrapõe essa visão dualista à visão unitária, mostrando a necessidade de cuidar do ser humano por inteiro, incluindo o cuidado com o corpo, a começar pelo corpo de quem não tem o que vestir nem o que comer. Leia o trecho a seguir.

WATCHARA/SHUTTERSTOCK.COM

> Meus irmãos, se alguém diz que tem fé mas não tem obras, do que lhe adianta isso? Por acaso a fé poderá salvá-lo? Suponhamos que um irmão ou irmã não têm o que vestir e lhes falta o pão de cada dia, e um de vocês diz a eles: "Vão em paz, aqueçam-se e comam até ficar saciados", mas não lhes dá o necessário para o corpo, de que adianta isso? Assim também é a fé: se não tem as obras, está morta em si mesma.

TIAGO, CAPÍTULO 2, VERSÍCULOS 14-17. *In*. **Bíblia pastoral**. São Paulo: Paulus, 2015. p. 1484.

A tradição budista também ensina o indivíduo a harmonizar corpo e mente. Para isso, é necessário romper cotidianamente com a prática dos maus pensamentos, de modo a tornar-se senhor das próprias ideias e ações, cultivando o corpo e a mente sãos.

> Nada é melhor para um homem santo do que refrear a mente das suas tendências.
> À medida que a intenção de fazer o mal desaparece, também o sofrimento desaparece.

DHAMMAPADA: "o caminho da sabedoria do Buddha". Tradução de Bhikkhu Dhammiko. São Paulo: Mosteiro Budista Theravada, 2013. p. 134.

1. Releia o texto sagrado do Budismo e registre o que você entendeu.

2. Compare com os colegas a diferença na abordagem da relação entre corpo e mente nas tradições cristã e budista.

O CUIDADO COM O MUNDO

A possibilidade de fazer escolhas é uma das mais fascinantes características do ser humano. Cada decisão é resultado da influência de incontáveis fatores: emocionais, familiares, socioculturais e religiosos.

É impossível saber exatamente o que motiva nossas ações. No entanto, podemos medir a importância de certas escolhas. Algumas delas nos mobilizam para a construção de um projeto de vida baseado em valores que melhorem a sociedade.

Leia a seguir o trecho de uma reportagem sobre a atuação da modelo Maju de Araújo, que luta pela inclusão de pessoas com deficiência no Brasil.

A modelo carioca Maju de Araújo, 20 anos, atraiu holofotes para seu relevante trabalho de atropelar os preconceitos no universo da moda. Depois de virar destaque nas passarelas, levando a representatividade de pessoas com síndrome de Down à São Paulo Fashion Week e à prestigiada Semana de Moda de Milão, a jovem passou a servir de inspiração, enfatizando a ideia de que a diversidade é desejável e possível. "Ainda vivemos dentro de um padrão de beleza ideal, mas nas redes há lugar para vozes plurais", defende Adriana de Araújo, mãe da influenciadora. Maju contabiliza quase 640 000 seguidores, que a acompanham diariamente. Seu conteúdo, aliás, vai muito além da conscientização sobre deficiência: moda, maquiagem e humor são alguns dos temas que ela aborda nos vídeos, que volta e meia viralizam.

Leandro Tumenas/Acervo pessoal da Maju de Araújo

Modelo Maju de Araújo.

Como ocorre quando alguém vai bem no meio virtual, deu-se com Maju um ciclo virtuoso: ela passou a chamar a atenção de marcas que buscam alcançar um determinado público. [...] "A agenda dela está tão cheia que chegamos a recusar convites", conta Adriana. As dobradinhas que prosperam seguem um critério: na percepção de Maju, promovem a inclusão.

MAIA, Luiza. Jovens com deficiência ganham crescente visibilidade nas redes sociais. **Veja**, Rio de Janeiro, 21 out. 2022. Disponível em: https://vejario.abril.com.br/beira-mar/jovens-deficiencia-crescente-visibilidade-redes/. Acesso em: 23 fev. 2024.

1. Avalie como o trabalho da modelo Maju de Araújo contribui para a inclusão no Brasil. Converse com os colegas.

2. Explique oralmente o significado da frase: "Ainda vivemos dentro de um padrão de beleza ideal, mas nas redes há lugar para vozes plurais", dita pela mãe da modelo.

3. Discuta com os colegas outras medidas que podem incentivar a inclusão de pessoas com deficiência no Brasil.

Para conhecer mais sobre a trajetória da Maju de Araújo, acesse o *QR Code*.

https://s.ftd.li/Maju

OUTROS OLHARES

O que saúde e bem-estar têm a ver com religião? Em religiões muito antigas, os líderes espirituais eram responsáveis pelos cuidados com as enfermidades. Ainda hoje, em tradições indígenas, os pajés ou xamãs exercem essa função na organização da aldeia. Na Antiguidade, os sacerdotes egípcios desenvolveram técnicas médicas, mas foi apenas na tradição islâmica que as instituições de saúde tiveram origem.

Kosher: regras alimentares descritas na lei judaica.

Além disso, há influência das tradições religiosas nos hábitos alimentares dos praticantes. A alimentação **kosher** e a restrição à carne de animais que não são ruminantes, como coelho e porco, são exemplos da dieta sancionada pela lei judaica. Para o Islã, é fundamental nutrir o corpo com alimentos lícitos e saudáveis, ter uma dieta adequada, não comer em excesso e sempre repartir o alimento. A carne dos animais deve seguir um ritual de corte para ser considerada *halal*, isto é, permitida. Já para algumas tradições religiosas orientais, é importante seguir uma dieta alimentar vegana, ou seja, à base de vegetais, sem proteína animal e seus derivados. No Hinduísmo, o uso de especiarias e ingredientes naturais com propriedades medicinais e terapêuticas ajuda a manter o corpo saudável.

RAWPIXEL.COM/SHUTTERSTOCK.COM

As tradições religiosas podem influenciar os hábitos alimentares dos seus praticantes. Na imagem, família muçulmana durante uma refeição.

Atualmente, existem inúmeras dietas que são seguidas por milhões de pessoas. Muitos desses costumes se inspiram em preceitos religiosos, mas também em outros valores culturais. Além disso, a grande diversidade de dietas pode criar dificuldades, já que as pessoas podem se sentir desorientadas ao organizar sua alimentação cotidiana.

Leia o trecho da entrevista com Michael Pollan, escritor que explora a relação entre a identidade humana e a comida.

A comida é indiscutivelmente parte da cultura de um lugar como a língua ou a religião. O que comer ao redor do mundo ensinou sobre pessoas e lugares diferentes?

Isso tem sido uma forma poderosa de me lembrar que humano são uma das poucas criaturas verdadeiramente onívoras que a evolução produziu. Esta qualidade é precisamente o que nos permitiu prosperar em seis dos sete continentes, criando belas culinárias a partir do que a natureza tem para oferecer em qualquer lugar do planeta. Isso definiu nossa espécie e moldou nosso destino.

Contexto é tudo. Nós tendemos a olhar para a comida como boa ou ruim. Mas você não pode separar o nutriente da comida, porque a comida tem uma estrutura. E você não pode separar a comida da dieta e a dieta da cultura e do estilo de vida. Todas essas coisas estão conectadas. Então, afirmar que uma comida é boa ou ruim é algo difícil de fazer. Mas há exceções: refrigerante é uma delas, porque é basicamente açúcar puro processado.

Não há uma única dieta saudável. Essa é a principal lição de estudar a dieta de forma transcultural. Você vê que as pessoas são saudáveis com uma enorme variedade de alimentos. Nós somos onívoros.

Os seres humanos criaram, por tentativa e erro, um número quase infinito de dietas saudáveis, construídas a partir de qualquer coisa que a natureza ofereça onde quer que vivam. Baseadas no que está disponível, no que funciona e é considerado bom por estas pessoas – não em marketing, moda ou ciência de alimentos. [...]

BBC Travel. "Não existe apenas um único tipo de dieta saudável", diz Michael Pollan. **Época**, São Paulo, 14 jul. 2019. Disponível em: https://epocanegocios.globo.com/Vida/noticia/2019/07/nao-existe-apenas-um-unico-tipo-de-dieta-saudavel-diz-michael-pollan.html. Acesso em: 23 fev. 2024.

1. O texto defende a ideia de que a diversidade cultural se expressa na variedade das dietas humanas. Elabore a seguir um pequeno texto sobre o tema.

SEGUIR

DICA
O texto deve ser escrito no formato de uma postagem em rede social. Por isso, deve ser curto e direto.

12 16 84

2. Com base no texto, discuta com os colegas: O que é uma alimentação saudável?

ALÉM DA IMAGEM

Milhares de pessoas ao redor do mundo têm sido prejudicadas por interesses econômicos, políticos e, mesmo, por radicalismos de fundo religioso, o que demonstra uma postura de desprezo à vida, tão cara às diversas tradições religiosas. É o caso de pessoas que precisam fugir de seus países, principalmente aquelas nações que estão em situação de conflito e que enfrentam guerras e pobreza, como Síria, Afeganistão, Iraque, Paquistão, Sudão e Somália.

JAVED TANVEER/AFP/GETTY IMAGES

Crianças afegãs posam para uma fotografia em um campo de refugiados na província de Kandahar, no Afeganistão, em 2021.

- Considerando a imagem, é possível afirmar que as crianças refugiadas podem exercer todos os direitos fundamentais? Justifique sua resposta.

TEIA DO CONHECIMENTO

Neste capítulo, você foi convidado a refletir sobre as concepções de corpo, pessoa e pessoalidade e sobre o significado e a importância da meditação, da contemplação e da iluminação no desenvolvimento do ser humano por inteiro. O capítulo abordou também a liberdade do ser humano de fazer escolhas e a influência que exercem na construção de um projeto de vida.

- Analise a tirinha a seguir.

CAETANO CURY

a) Como a meditação poderia ajudar o personagem? Justifique.

____

____

b) Crie uma continuação para a tirinha, relacionando-o ao conteúdo estudado no capítulo.

CAPÍTULO 8

O desenvolvimento da fé

ZÉ PAIVA/PULSAR IMAGENS

Protege o solo, amarra as mudas, sê prudente,
Pois o lavrador sensato trará a colheita para casa.
Ele encherá os dois vasos e nutrirá o santo e o sábio.

KABIR. Poema 87. *In*: **Kabir**: cem poemas. Seleção e tradução ao inglês de Rabindranath Tagore. Tradução de José Tadeu Arantes. São Paulo: Attar Editorial, 2016.

NOVOS HORIZONTES

Em uma plantação, a depender da espécie, dia após dia é possível ver mudanças nas características das plantas: em um primeiro momento, a semente germina, em outro, as plantas jovens crescem, depois vêm as flores e, então, os frutos. Na imagem, observamos uma plantação de uva pronta para a colheita e, nos versos, lemos sobre trabalho, prudência e fé. Assim como em uma plantação, o desenvolvimento da fé precisa de cuidados para germinar e crescer, alcançando assim um *status* de importância na vida de quem acredita.

Sobre o tema, observe a imagem, converse com os colegas e responda.

a) Para você, um agricultor precisa ter fé ao iniciar algum plantio? Em caso positivo, em que ele deve ter fé? Justifique sua resposta.

b) Além do desejo de que tudo dê certo, o que o agricultor precisa fazer, na prática, para ter uma boa colheita? Cite três atitudes.

c) Fé e razão são duas características que podem ser conciliadas? Explique.

CONSTRUINDO SABERES

Os significados da fé

Vamos ampliar o significado do termo **fé**? Observe o que o termo significa nas línguas grega, hebraica e latina, de onde se origina o conceito de fé utilizado atualmente.

Na **língua grega**, fé tinha relação com os termos:

- ***pistis***, que significa "confiança", "compromisso";
- ***aletheia***, significando "verdade", "fidedignidade", "confiabilidade".

Na **língua hebraica**, os termos que a Bíblia utiliza para falar de fé são:

- ***aman***, que significa "solidez", "firmeza";
- ***batah***, que diz respeito a "segurança" e "confiança";
- ***emunah***, que designa "fidelidade", "algo em ação". A palavra "amém", que significa "assim seja", tem a mesma raiz de *emunah*.

Na **língua latina**, eram utilizados os termos:

- ***fides***, no sentido de "compromisso";
- ***credere***, significando "confiança", "garantia", "crença";
- ***veritas***, que designava a "verdade comprovada pelos fatos".

Quantos significados! Todos eles remetem ao que chamamos de fé: solidez, firmeza, segurança, confiança, fidelidade, confiabilidade, fidedignidade, compromisso, verdade.

DOIDAM 10/SHUTTERSTOCK.COM

DIY13/SHUTTERSTOCK.COM

DOLLYDOLL29/SHUTTERSTOCK.COM

TRAVEL MANIA/SHUTTERSTOCK.COM

Os seres humanos expressam a fé de diferentes formas.

1 Em dupla, realizem uma pesquisa. Entrevistem cinco colegas da turma com o intuito de entender o que significa fé para eles. Registrem as informações coletadas na pesquisa e, no dia combinado pelo professor, apresentem-nas para a turma.

DICA

Na **entrevista**, vocês podem perguntar como os colegas expressam a própria fé ou o que ela representa para eles no dia a dia. A entrevista pode ser gravada em áudio ou vídeo, com o apoio do celular.

Fé no Transcendente: a gratuidade

Os vários significados da fé nos remetem a experiências que acontecem no cotidiano, na relação com as outras pessoas e no encontro com o Transcendente. Uma das formas de fé no Transcendente é a experiência de depositar a confiança em um ente, como Deus, Nhanderu, Javé, Alá, Brahma, Obatalá, de acordo com a tradição religiosa que se professa. Essa entrega confere ao indivíduo uma certeza profunda e sólida.

A experiência de encontro com o Transcendente produz a convicção, na pessoa que crê, de que todos estão sustentados por uma força superior. Essa experiência pode inspirar atitudes de amor e de esperança na construção de um mundo mais solidário, pois a fé é uma resposta às necessidades concretas dos seres humanos, especialmente à necessidade de dar um sentido para a existência e para a vida.

Assim, quem crê no Transcendente costuma ter seu olhar voltado para a realidade concreta em que vive, comprometendo-se a promover e defender os direitos e a dignidade humana. Entretanto, a fé não é uma relação de troca de interesses, na qual o ser humano faz o melhor para receber todos os benefícios do Transcendente. É fundamental compreender que a fé deve se basear na **gratuidade**. A fé gratuita afasta a ideia de que o Transcendente deve estar à disposição para prestar serviços à humanidade.

RYFLIP/SHUTTERSTOCK.COM

A fé leva o ser humano a se abrir ao Transcendente e ao próximo, em uma relação de respeito, em comunidade.

Diante do mistério da vida e do Transcendente, o ser humano é convidado, pela fé, a abrir-se e a sentir gratidão, o que impulsiona as pessoas a uma relação verdadeira com os demais e com o Transcendente, afastando-as de sentimentos egoístas e interesseiros. A fé como relação de gratuidade deve perpassar todas as dimensões de nossa vida e nossas iniciativas mais concretas, infundindo no mais íntimo do ser humano a gratidão pela vida e o respeito à dignidade da vida do próximo e o respeito à natureza.

AMPLIANDO

No Brasil, há diversos grupos religiosos que se dedicam a apoiar pessoas em situação de vulnerabilidade. Em São Paulo (SP), a **Pastoral do Povo de Rua** é uma organização que ajuda pessoas em situação de rua, por meio de acolhida, alimentação, doação de vestuário e livros. O trabalho desempenhado com essa população depende de doações de empresas e de pessoas da comunidade. Há 25 anos, com a criação da Casa de Oração do Povo da Rua, a pedido dos irmãos de rua e de dom Paulo Evaristo Arns, pessoas de qualquer religião têm sido recebidas ali, seja para uma refeição, seja para encontrar alguém para conversar ou para vivenciar momentos de espiritualidade.

Para conhecer mais sobre a Casa de Oração do Povo da Rua, acesse o *QR Code*.

https://s.ftd.li/CasaOração

2 Comente como a fé, pautada pela gratuidade, pode ser um instrumento de transformação do indivíduo e da realidade social.

Fé e razão

A experiência de fé religiosa se dá na vivência das tradições religiosas. Por isso, ter fé é também estar de acordo com os ensinamentos próprios de cada uma dessas tradições e assumir o compromisso de vivê-los de forma individual e comunitária. Isso não se faz de modo irracional, mas como fruto de uma experiência que se considera verdadeira porque foi refletida, experimentada, em que se acredita.

A fé não precisa e não deve ser acatada sem reflexão. Ela é fruto de uma adesão pessoal lúcida. **Fé** e **razão** são duas dimensões importantes e complementares do ser humano. Segundo o teólogo suíço Hans Küng (1928-2021), o diálogo entre essas duas dimensões – fé e razão – orienta o caminho daqueles que confiam no Transcendente.

AFRICA STUDIO/SHUTTERSTOCK.COM

Aqueles que têm fé costumam refletir sobre os ensinamentos da religião que seguem. Na imagem, menino em oração, na Ucrânia, em 2018.

A fé é expressa por meio de mitos, crenças, ensinamentos, doutrinas e princípios que orientam a vida dos seguidores das tradições religiosas. Esses elementos são **balizas** para as experiências existenciais de cada pessoa e, também, de toda a comunidade. Por isso, devem ser acolhidos, compreendidos e esclarecidos de maneira racional, para que tenham sentido e significado para as pessoas que aderem a uma tradição religiosa.

A razão, todavia, não contempla todas as inquietações do ser humano. Nem todo pensamento racional já expresso é capaz de responder a algumas das questões que a humanidade vem se fazendo há milênios. Para as instâncias que a razão não alcança, há o **amparo** da fé, ainda que ela também não seja capaz de trazer todas as respostas.

Amparo: apoio; sustento.
Baliza: limite; demarcação.

De acordo com o cientista estadunidense Francis Collins (1950-), é uma infelicidade acreditar que ciência e fé são incompatíveis. Elas podem, sim, constituir campos distintos da realidade, mas a experiência do sagrado engloba e ultrapassa a realidade, concedendo um sentido espiritual para a vida humana.

Ao refletir sobre a fé, é possível perceber o perigo de uma fé irracional, que deixa a razão totalmente de lado. Esse tipo de fé pode dar origem a formas de violência incompatíveis com o princípio fundamental da relação com o Transcendente, que é a **harmonia** entre todos os seres.

A interpretação da realidade com base somente em uma matriz religiosa, sem considerar a racionalidade da vida e a harmonia da comunidade, é chamada de "fundamentalismo religioso". Quando esse ponto de vista se atrela à negação de abordagens científicas e a ações políticas que enfraquecem os processos democráticos, o valor das pluralidades e das diversidades presentes na humanidade fica em risco.

A. M. TEIXEIRA/SHUTTERSTOCK.COM

O *tai chi chuan* é considerado um estilo de meditação e uma arte marcial. Essa prática é também uma filosofia de vida que se originou com o **Taoismo** – tradição religiosa que nasceu no leste da Ásia e que entende o ***tao*** como a energia criadora do Universo. Essa prática corporal é um exemplo da união entre fé e ciência: publicações científicas atestam os benefícios terapêuticos do *tai chi chuan* para o tratamento de doenças, como a hipertensão e as dores crônicas.

3 A fé deve interferir em assuntos relacionados à ciência e vice-versa? Justifique sua resposta.

____

____

____

____

____

____

Muitas pesquisas científicas buscam estabelecer uma explicação para o que ocorre no organismo físico do ser humano quando a fé religiosa entra em ação. Alguns cientistas, por exemplo, acreditam que a neurociência pode fornecer respostas sobre a biologia do funcionamento do cérebro durante momentos de experiências religiosas, como a meditação e a oração. Leia a matéria.

MAX4E PHOTO/SHUTTERSTOCK.COM

[...] De acordo com o neurocirurgião Raul Marino Júnior, um dos mais importantes neurocirurgiões do país, cientistas já responderam muitas perguntas sobre a máquina que nos comanda [o cérebro]. Mas algumas áreas ainda estão em constante pesquisa. A ciência descobriu por que andamos, armazenamos informações e até de onde vêm algumas doenças, mas sobre a fé, a pergunta que norteia as pesquisas é se o cérebro seria o responsável pela produção do que acreditamos. [...]

"O cérebro armazena e é capaz de gerar funções que podem ser explicadas pela neurologia. Quer dizer, como é que o cérebro funciona para que o indivíduo possa ter sua consciência, possa saber o que é alma, o que é espírito, o que é vontade, o que é fé. Acreditamos que a fé está toda controlada por esta "coisa". Por esta rede de neurônios que são células cerebrais que dão ao homem uma coisa que os animais não têm: a capacidade de pensar abstratamente, criar uma metafísica, criar um sistema filosófico, espiritualizado de religião. Quando o homem começa a se dar conta que ele não é só matéria, que ele deve ter algo por trás, um sopro qualquer que dá a vida pra ele – ele não sabe como surgiu –, não adianta você querer explicar as coisas só pela ciência", diz. [...]

ESPECIALISTAS estudam os efeitos da fé sobre o cérebro humano. G1 Itapetininga e Região, Itapetininga, 1º jan. 2013. Disponível em: https://g1.globo.com/sao-paulo/itapetininga-regiao/noticia/2013/01/especialistas-estudam-os-efeitos-da-fe-no-cerebro-humano.html. Acesso em: 23 fev. 2024..

4 Explique como o texto aborda a relação entre fé e ciência.

____

____

____

____

BIOGRAFIA

Nise da Silveira (1905-1999) foi uma psiquiatra alagoana que lutou para que os pacientes em tratamento de transtornos mentais fossem respeitados. Ela se opunha aos métodos tradicionais baseados nas violências físicas, como a lobotomia e o eletrochoque. Entre os pioneirismos da psiquiatra, estava a inclusão da arte no processo de recuperação dos pacientes. Nise recebeu diversos prêmios por sua atuação, tendo seu trabalho reconhecido internacionalmente.

ALEXANDRE CAMPBELL/FOLHAPRESS

Para saber mais sobre a vida e o trabalho desenvolvido por Nise, acesse o *QR Code*:

https://s.ftd.li/Nise

ARTE QUE ENCANTA

A arte é uma linguagem que comunica sensações, sentimentos e pensamentos, inclusive aqueles ligados à expressão do Transcendente. Desde os primórdios da humanidade, muito antes do desenvolvimento da escrita, o ser humano já expressava por meio da arte sua forma de ver o mundo.

As diversas **pinturas rupestres** espalhadas pelo mundo, revelam, por exemplo, a vivência dos primeiros seres humanos. Acredita-se que algumas pinturas rupestres têm caráter ritualístico, relacionado principalmente à caça, à fertilidade e a eventos cerimoniais, como o enterro dos mortos.

A existência de **sítios arqueológicos** em todos os continentes, datados de diferentes épocas, desde os tempos glaciais até as eras neolítica e paleolítica, atesta a diversidade de experiências e de sentidos dados à vida e indica a capacidade criativa dos seres humanos como a principal ferramenta para refletir a respeito de suas experiências, inclusive as religiosas.

Pintura rupestre: pintura e ilustração feita principalmente em paredes de cavernas, as pinturas rupestres são importantes registros históricos de comunidades humanas de tempos longínquos.
Sítio arqueológico: local onde se encontram vestígios de ocupação humana, objeto de estudo para a compreensão da História.

DAVE PRIMOV/SHUTTERSTOCK.COM

Pintura rupestre localizada em Laas Gaal, um complexo de cavernas na Somália, no continente africano. Estima-se que as pinturas rupestres dessa região foram realizadas entre 9 mil e 3 mil a.C. De acordo com alguns estudiosos, a pintura pode retratar um ser humano e um animal parecido com uma vaca, ambos adornados com tecidos cerimoniais.

MGY/SHUTTERSTOCK.COM

A História é marcada pela arte. É possível perceber o simbolismo das grandes tradições religiosas nas obras artísticas produzidas pelas diversas culturas. No Cristianismo, por exemplo, há incontáveis pinturas e esculturas que representam santos e santas, mosaicos que contam passagens bíblicas, além da própria arquitetura das igrejas.

Os eventos bíblicos e a simbologia presentes nas escrituras cristãs são inspirações muito frequentes na arte gótica, surgida na Europa no século XII. Nesse período da história da arte, arquitetos e artistas buscaram inserir, nas catedrais, a sensação de grandeza e de ascensão ao céu. Para isso, as catedrais passaram a ser construídas com colunas altas e com **arcos ogivais** que sustentam o peso do teto. Por meio dessa técnica, a sensação do fiel que entra na catedral é de leveza e ascensão.

Detalhe de um **arco ogival**, típico da arquitetura gótica cristã. O arco aponta para o céu e orienta o olhar para o alto, representando a fé em Deus. Catedral de Milão, na Itália.

Vitrais da Catedral de Notre-Dame de Paris, França, em 2018.

Interior da catedral de Notre-Dame de Paris, na França.

Um dos principais exemplos de arquitetura gótica é a Catedral de Notre-Dame de Paris, na França, construída entre 1163 e 1345.

Na arte gótica, para passar a sensação de leveza, as colunas altas substituíram as paredes grossas com que eram construídas as basílicas anteriores. Com isso, os arquitetos góticos criaram um desafio para os artistas, que passaram, então, a não ter espaço para pintar **afrescos** com as passagens bíblicas. Assim, os artistas góticos passaram a produzir **vitrais**, que, além de retratarem eventos bíblicos, simbolizam – com a entrada de luz através do vidro – a jornada dos fiéis em direção ao céu.

Afresco: técnica de pintura mural que utiliza cores diluídas em água sobre a argamassa ainda fresca para facilitar a coloração do revestimento.
Vitral: técnica de arte que combina pedaços de vidro coloridos, formando desenhos.

1 Em dupla, respondam às questões.

a) O que as duas manifestações artísticas – a arte rupestre e a arte gótica – têm em comum?

____

____

____

b) Para você, a arte pode contribuir para a expressão da religiosidade? Justifique sua resposta.

____

____

____

____

OS POVOS E O SAGRADO

Para as tradições religiosas, o conceito de fé está diretamente relacionado ao modo como cada indivíduo conduz sua vida. Não basta dizer "eu creio": a fé verdadeira se manifesta nas ações e na postura que assumimos diante da vida, nas decisões que tomamos, no modo como nos relacionamos com os outros.

O **Siquismo** é uma religião fundada em uma região chamada Punjab, entre o Paquistão e a Índia. Seu fundador, o guru Nanak Dev (1469-1539), tinha o objetivo de criar uma religião que fundisse o Islamismo e o Hinduísmo. Com seus ensinamentos, Nanak Dev buscou romper as barreiras e as diferenças entre as duas culturas.

NARINDER NANU/AFP/GETTY IMAGES

Na imagem, sacerdote sique durante cerimônia para marcar os 400 anos do guru Teg Bahadur, em Amristar, na Índia, em 2021.

ANANDOART/SHUTTERSTOCK.COM

O templo sique de Paonta Sahib, na Índia, oferece alimento a centenas de pessoas diariamente.

Os siques, ou *sikhs*, acreditam em um Deus único, que garantirá a salvação da alma depois de um ciclo de reencarnações, que devem ser marcadas por ações positivas, como a aceitação dos outros e a prática da solidariedade, o que os torna comprometidos com a comunidade.

No *gurdwara* (templo sique) da cidade de Paonta Sahib, na Índia, são servidas refeições vegetarianas 24 horas por dia, durante todos os dias da semana. A tradição foi inspirada nos ensinamentos do guru Nanak Dev, que costumava oferecer comida a todos os visitantes. Pessoas de qualquer religião, casta ou classe social podem se alimentar gratuitamente no restaurante do templo.

No Corão, livro sagrado muçulmano, está escrito:

> "Crede em Deus e em Seu Mensageiro, e fazei caridade daquilo que Ele vos fez herdar. E aqueles que, dentre vós, crerem e fizerem caridade obterão uma grande recompensa."

Corão, 57ª surata, versículo 7.

- Você acredita que o senso de comunidade, a partilha e a doação podem ser expressões da fé? Explique.

___

___

___

O CUIDADO COM O MUNDO

Para os cristãos, a fé se legitima quando as pessoas seguem os passos de Jesus Cristo, ou seja, quando fazem dele um exemplo de vida, inserindo seus ensinamentos nas práticas do dia a dia e se inspirando nas atitudes que ele cultivou, como o amor ao próximo. Isso aproxima os cristãos de Deus.

Leia a seguir o trecho de uma matéria sobre a freira católica estadunidense **Judy Vaughan**, que ajuda mulheres e suas famílias a escaparem da violência e a superarem a pobreza extrema.

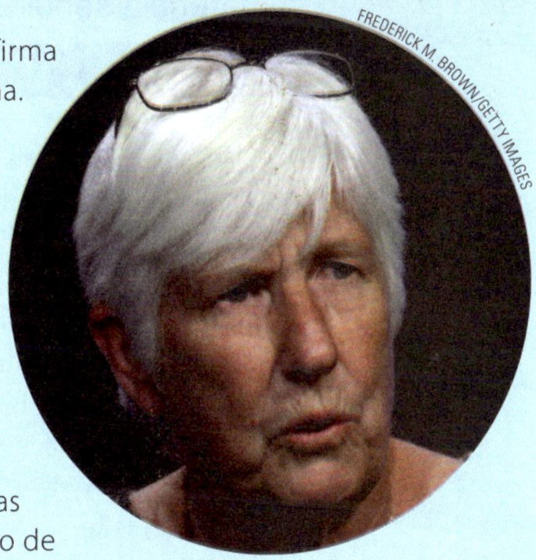

A freira Judy Vaughan discursando na Califórnia, Estados Unidos, em 2010.

Los Angeles é "a capital dos sem-teto dos Estados Unidos". Quem afirma isso é a freira Judy Vaughan, que conhece bem de perto o problema. Ela é fundadora da Alexandria House, uma casa para mulheres que abriga especialmente mães com jovens adolescentes. Nos abrigos tradicionais, essas famílias são rejeitadas ou obrigadas a se separarem por conta de limites de idade.

A falta de moradia, que já era um grande problema na cidade, se agravou com a pandemia. Segundo a Los Angeles Homeless Services Authority (LAHSA)[1], mais de 66 mil pessoas na região viviam sem um teto em 2020, representando um aumento de 12,7% em comparação com o ano anterior.

As mulheres que procuram a Alexandria House têm histórias únicas, mas algumas razões que as levam até lá se repetem: fugir de uma situação de violência doméstica ou tráfico de pessoas, crescer em orfanato e não ter para onde ir depois, perder o emprego ou passar por uma emergência familiar sem ter dinheiro reserva para pagar o aluguel.

Judy uniu a sua carreira como freira ordenada pela Igreja Católica ao ativismo e hoje dedica a sua vida à proteção de mulheres em vulnerabilidade social. Ela defende que não ter onde morar é uma situação temporária e isso não pode definir ou mesmo impactar o valor de uma pessoa. "Pode acontecer com quase qualquer um. Existem muitas práticas e políticas que tornam praticamente impossível sair da pobreza e ter uma moradia", afirmou em uma entrevista.

1 Em português, significa "Autoridade de Serviços para Desabrigados de Los Angeles", em tradução livre.

VELLEI, Carolina. Freira mantém um abrigo para mulheres com creches e mais serviços. **ECOA UOL**, São Paulo, 23 fev. 2024. Disponível em: https://www.uol.com.br/ecoa/ultimas-noticias/2021/04/24/a-historia-da-freira-feminista-que-mantem-um-abrigo-para-mulheres.htm. Acesso em: 23 fev. 2024.

1. Identifique como o trabalho da freira Judy Vaughan se relaciona aos ensinamentos e ao modo de vida de Jesus. Comente oralmente.

2. Converse com um colega e explique como o cuidado com pessoas em situação de vulnerabilidade social pode ser entendido como um ato de fé.

Para acessar a matéria na íntegra e conhecer mais sobre o trabalho de Judy Vaughan, acesse o *QR Code*.

https://s.ftd.li/Judy

OUTROS OLHARES

Pessoas movidas pelo espírito religioso se envolvem em iniciativas que beneficiam toda a coletividade. Em nome da fé, muitas boas ações são feitas no mundo, seja em pequenas comunidades, seja em campanhas de mobilização internacional.

No entanto, há grupos religiosos que fazem a leitura e a interpretação fundamentalista ou fanática dos textos sagrados e os utilizam de maneira equivocada, como pretexto para justificar atitudes de violência e de intolerância. Esse problema está cada vez mais presente no mundo contemporâneo. Leia a matéria a seguir sobre o tema.

A polarização observada em várias partes do mundo trouxe à tona um assunto muito complexo: o fanatismo. Intolerância, inflexibilidade e até atos mais violentos mostram que muita gente "passa do ponto" e não consegue conter seus excessos.

[...] Ainda assim, é importante considerar que o fanatismo não é classificado como uma doença. "Ele é um comportamento disfuncional, mas não é considerado um transtorno mental, e se caracteriza por uma crença ou comportamento que não admite refutação, que é defendida de forma obsessiva e apaixonada e que deixa muito pouco espaço para a tolerância às ideias contrárias", explica a médica psiquiatra Elisa Brietzke, orientadora do programa de pós-graduação em psiquiatria da Unifesp (Universidade Federal de São Paulo).

Apesar disso, o fanatismo pode sim se tornar um distúrbio psiquiátrico, dependendo do prejuízo que a pessoa tem em sua vida ou do impacto na vida de outras pessoas, [...] de acordo com o psiquiatra Luan Diego Marques, especialista em terapia interpessoal pelo Prove (Serviço de Assistência e Pesquisa em Violência e Estresse Pós-Traumático), ligado à Unifesp, e professor colaborador da Faculdade de Medicina da UnB (Universidade de Brasília).

No entanto, fanatismo e problemas de saúde mental podem coexistir no mesmo indivíduo, sem serem necessariamente relacionados. "Existe uma crença errônea de que transtornos mentais predispõem ao fanatismo ou atos extremistas e violentos, mas isso não procede", confirma Brietzke.

[...]

O maior risco não é apenas para o próprio indivíduo, mas para os que estão em volta e para a sociedade como um todo. [...]

O fanatismo político e religioso, por exemplo, na tentativa de produzir uma sociedade **monolítica**, coloca em risco a existência de populações inteiras, como genocídios. "Existem estudos envolvendo filhos e netos de sobreviventes do holocausto que mostram que esse tipo de experiência modifica o processamento do DNA dos neurônios, numa tentativa de adaptar o cérebro ao estresse, mas que acaba por predispor a diferentes transtornos mentais, especialmente depressão", informa Brietzke.

Monolítico: bloco único, compacto. No texto, diz respeito à ideia de uma sociedade com pouca diversidade.

Além disso, comportamentos fanáticos podem deixar a pessoa mais suscetível a alguns fatores de risco para saúde mental. Por exemplo, quem se juntou a um culto e acredita firmemente na superioridade de um líder pode ficar mais exposto ao abuso físico, moral, financeiro ou sexual, o que sabidamente é uma causa de transtornos mentais. "Há ainda um prejuízo para o funcionamento interpessoal, afinal quem entra em um fanatismo (delirante) tende a não escutar a família ou pessoas próximas que queiram ajudar, devido a uma inflexibilidade e intransigência que vai afastando as pessoas", diz Marques. [...]

O fanatismo pode interferir nos relacionamentos interpessoais, levando a pessoa ao isolamento.

Existem três traços que, combinados, definem a anormalidade do comportamento: intensidade, intolerância e incoerência. Quando o pensamento ou reação é muito discrepante das normas culturais do entorno e há acentuada intolerância aos pensamentos contrários, pode-se dizer que se trata de um indivíduo fanático. O risco é que a radicalização está por trás de crimes de ódio e ataques terroristas, mas também de intervenções agressivas organizadas na internet e nas redes sociais. [...]

É importante destacar que o fanatismo pode se acentuar ou não com o tempo. Brietzke explica que o fanatismo não acontece na infância, pois nessa fase os cuidadores conduzem a criança. Porém, alguns autores sugerem que a exposição a situações estressoras, especialmente maus-tratos, pode predispor o indivíduo ao fanatismo na vida adulta. Já a adolescência é um período vulnerável para o problema, pois o questionamento dos valores dos pais e a busca por novos referenciais identitários é parte desse período. Para se ter ideia, diferentes grupos no mundo já estudam como prevenir o extremismo e a radicalização, com o objetivo de reduzir o risco de evolução do fanatismo para comportamentos violentos.

CUNHA, Simone. Fanatismo não é uma doença, mas pode comprometer a saúde mental. **VivaBem UOL**, São Paulo, 12 mar. 2021. Disponível em: https://www.uol.com.br/vivabem/noticias/redacao/2021/03/12/fanatismo-nao-e-uma-doenca-mas-pode-comprometer-a-saude-mental.htm. Acesso em: 23 fev. 2024.

1. De acordo com o texto, é possível classificar o fanatismo como uma forma de transtorno mental? Justifique.

2. A intolerância é uma das principais manifestações do fundamentalismo e do fanatismo. Identifique ações que combatam posturas intolerantes nas pessoas.

3. De acordo com o texto, a adolescência é um período de grande vulnerabilidade diante de ideias fanáticas. Discuta com os colegas as ações que podem ser tomadas para proteger os jovens do fundamentalismo.

ALÉM DA IMAGEM

Desde a Antiguidade, as comunidades humanas utilizam locais que consideram sagrados, onde ofertam e doam objetos às divindades, como forma de agradecimento por algum pedido atendido ou para fortalecer uma intenção.

Por meio desse ritual, os devotos testemunham sua fé e renovam a crença nas divindades ou nos santos e nas santas de devoção. No Brasil, por exemplo, alguns cristãos católicos mantêm uma prática de religiosidade popular conhecida como **ex-voto**, abreviação da expressão em latim ***ex-voto suscepto*** ("o voto realizado").

As formas desse tipo de ritual são variadas: pinturas que retratam os motivos da promessa, réplicas de cera representando a parte do corpo curada de alguma doença, fotografia da pessoa agraciada com alguma bênção, cartas com testemunhos do que é chamado de **graça alcançada** – favor concedido a um fiel por Deus por intercessão de algum santo, de Jesus ou da Virgem Maria.

THOMAZ VITA NETO/PULSAR IMAGENS

Sala dos Milagres da Casa do Padre Donizetti, em Tambaú, estado de São Paulo. O religioso padre Donizetti foi beatificado pela Igreja em 2019, e a sala preserva fotografias e objetos de pessoas que acreditam que tiveram graças alcançadas devido à intercessão do sacerdote.

- Explique que tipo de religiosidade a "Sala dos milagres" expressa.

TEIA DO CONHECIMENTO

Neste capítulo, você teve a oportunidade de analisar a fé como um elemento – uma dimensão – muito presente na vida das pessoas e das comunidades. Você identificou os diversos significados da fé nas línguas grega, hebraica e latina, refletiu sobre a relação entre fé e razão e, também, compreendeu a fé como resposta a necessidades concretas, como abertura e gratuidade diante da vida e do Transcendente. Além disso, você observou as expressões de fé na arte e analisou como a fé pode se manifestar.

- Com base em seu estudo, entreviste alguém que não seja da comunidade escolar sobre o que ele compreende por fé e as formas como ela se manifesta na vida cotidiana. Para isso, siga o roteiro abaixo.

1) Após a escolha do entrevistado, combine previamente com ele como se dará a entrevista, seu formato e separe as perguntas que serão realizadas no dia. A seguir, há algumas possibilidades de caminho com a liberdade de ampliar as perguntas, caso o entrevistado tenha outras experiências para compartilhar.

a) O que é fé religiosa para você?

b) Qual é a importância da fé para o ser humano? Dê exemplos.

c) A ciência e a fé são adversárias ou parceiras? Por quê?

2) Registre no caderno um resumo das principais contribuições recebidas durante a entrevista para seus estudos. Em um dia predeterminado com o professor, apresente o resultado de sua entrevista para o grupo. O formato pode ser em vídeo, áudio ou texto.

3) Recupere as ideias que você tinha inicialmente sobre fé. Compare-as com as contribuições recebidas até o final da atividade. Com os demais colegas, discutam as seguintes questões.

a) Quais aprendizados vieram ao encontro de suas reflexões?

b) Alguma fala fez você refletir sobre a fé? Justifique.

DICA
Peça autorização prévia do entrevistado caso deseje filmar ou gravar a entrevista utilizando aparelhos celulares, por exemplo.

CAPÍTULO 9

Eu e você

> Esse Deus em nós se deixa encontrar por nós na compaixão e na solidariedade, na dor que sentimos dentro de nós por causa da dor da outra pessoa, na alegria que sentimos na alegria da outra [...].
>
> ASSMANN, Hugo; SUNG, Jung Mo. **Deus em nós**: o reinado que acontece no amor solidário aos pobres. São Paulo: Paulus, 2010. p. 185.

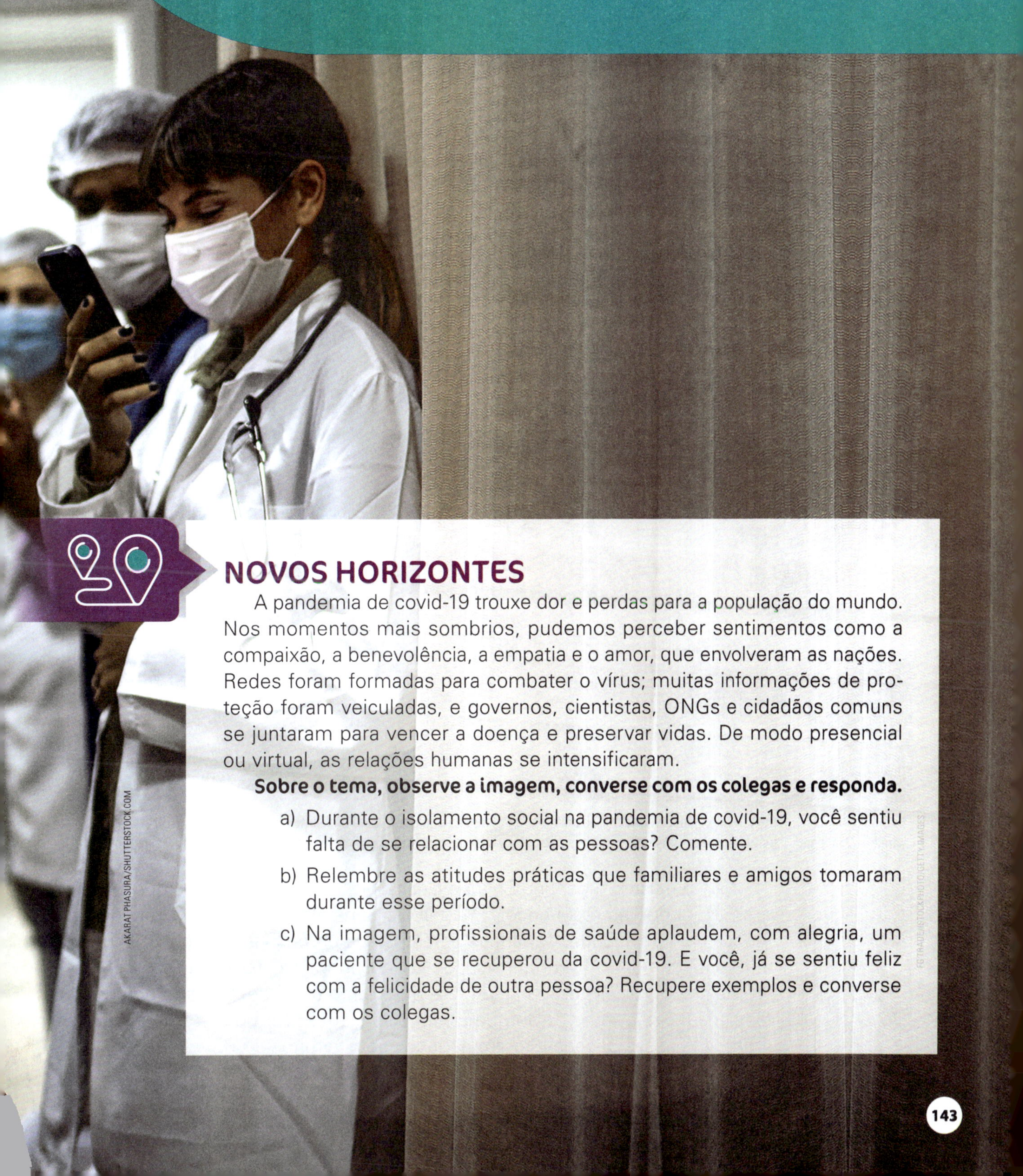

AKARAT PHASURA/SHUTTERSTOCK.COM

NOVOS HORIZONTES

A pandemia de covid-19 trouxe dor e perdas para a população do mundo. Nos momentos mais sombrios, pudemos perceber sentimentos como a compaixão, a benevolência, a empatia e o amor, que envolveram as nações. Redes foram formadas para combater o vírus; muitas informações de proteção foram veiculadas, e governos, cientistas, ONGs e cidadãos comuns se juntaram para vencer a doença e preservar vidas. De modo presencial ou virtual, as relações humanas se intensificaram.

Sobre o tema, observe a imagem, converse com os colegas e responda.

a) Durante o isolamento social na pandemia de covid-19, você sentiu falta de se relacionar com as pessoas? Comente.

b) Relembre as atitudes práticas que familiares e amigos tomaram durante esse período.

c) Na imagem, profissionais de saúde aplaudem, com alegria, um paciente que se recuperou da covid-19. E você, já se sentiu feliz com a felicidade de outra pessoa? Recupere exemplos e converse com os colegas.

CONSTRUINDO SABERES

Alteridade e responsabilidade

Quando o assunto é **alteridade**, uma das perguntas iniciais que podemos fazer é: afinal, quem é esse outro de quem estamos falando?

Alteridade: relaciona-se à capacidade de reconhecer o outro.

O outro pode ser uma pessoa próxima, como alguém de nossa família e de nosso círculo social, mas nem sempre nossas relações ocorrem por meio de um encontro efetivo, "face a face". Ainda assim, somos responsáveis pelo movimento e pela dinâmica que regem toda a nossa sociedade. Se permanecemos indiferentes àquilo que ocorre à nossa volta, também estamos sendo responsáveis pelas consequências que essa omissão pode causar.

Além de refletirmos sobre quem é o outro, podemos pensar nosso papel nessa relação. Nesse sentido, é possível desenvolver uma postura de justiça e respeito, especialmente com aqueles que foram mais fragilizados e vulnerabilizados ao longo da História.

RAWPIXEL.COM/SHUTTERSTOCK.COM

Quando o outro é alguém por quem nutrimos relações de afeto, é comum que sejamos mais tolerantes às diversidades. Entretanto, enquanto sociedade, somos responsáveis pela promoção de paz e de justiça, inclusive quando o outro não faz parte do nosso convívio.

Para o filósofo argentino Enrique Dussel (1934-), em cada rosto que encontramos, podemos reconhecer uma família, uma classe social, um povo, uma época da humanidade. Cada face estampa sua própria história, que é sempre diferente da nossa. Na multiplicidade de indivíduos existentes no mundo, podemos reconhecer pessoas sem voz, que têm o rosto desfigurado por nossa sociedade. Não têm voz porque foram silenciadas. Têm o rosto desfigurado porque, a essas pessoas, foram negados seus direitos.

DASHA PETRENKO/SHUTTERSTOCK.COM

Cada indivíduo carrega uma história que o torna único.

A essas pessoas faltam justiça, solidariedade, respeito. Mesmo que não as vejamos, elas existem, e somos instigados a compreender sua situação. Vivemos em uma casa comum – a Mãe Terra – e somos responsáveis uns pelos outros.

Alguns pensadores, inclusive contemporâneos, afirmam que a verdadeira experiência do Sagrado ocorre na relação com o outro, em suas diferenças. O rosto desfigurado de outras pessoas é o rosto desfigurado do Transcendente; se não sou capaz de reconhecê-lo, não posso reconhecer a Deus.

O teólogo belga Edward Schillebeeckx (1914-2009) chegou a afirmar que não haveria nenhum conhecimento de Deus se não existissem as relações sociais.

DICA
Não se esqueça dos "rostos desfigurados" e de dar um título para sua criação.

1. Pesquise, em meio eletrônico, rostos de pessoas que tenham significado para você e representem a diversidade de indivíduos que compõem a sociedade brasileira. Selecione esses rostos e crie uma colagem, em formato digital, formando um painel que retrate nosso país.

JULIA TIM/SHUTTERSTOCK.COM

Faz parte do discurso de grande parte das tradições religiosas a construção de uma sociedade na qual a convivência com as diferenças seja pacífica. Como seres humanos, somos semelhantes, temos capacidades emocionais, intelectuais, psicológicas, os mesmos deveres e, principalmente, os mesmos direitos. Isso é o que podemos definir como identidade coletiva: somos seres humanos. Se na identidade pessoal podemos ser reconhecidos como sujeitos únicos graças a nossas características individuais, na identidade coletiva somos reconhecidos como grupo, comunidade ou sociedade com os mesmos laços culturais, mesmos valores, seguindo os ensinamentos de uma ou mais tradições religiosas, professando a mesma fé, convivendo na mesma casa ou bairro etc.

Assim, essa identidade coletiva é explicitada na família, na religião, nas diversas associações, nos clubes, nos sindicatos e até na sala de aula. Embora tenhamos uma mesma identidade coletiva, uma coisa é certa: nós não somos iguais, e isso não é um problema!

MONKEY BUSINESS IMAGES/SHUTTERSTOCK.COM

Na relação com o outro, podemos perceber nossa diversidade e construir nossa identidade.

Na realidade, a tentativa de uniformizar os seres humanos pode se transformar em conflito, porque, nesse caso, aqueles que não se enquadrarem nos modelos serão excluídos e marginalizados pelos demais. Além disso, uniformizar significa empobrecer a humanidade, uma vez que nossa força e riqueza estão na diversidade.

DIÁLOGOS

FRANCISCO GARCÍA /NOTIMEX/AFP

O pensamento do filósofo argentino **Enrique Dussel** (1934-2023) expressa a alteridade no rosto desfigurado do outro. As temáticas de sua filosofia são a ética da liberdade e a realidade latino-americana. Em uma relação profunda com o pensamento do lituano Emmanuel Levinas (1906-1995) e de outros pensadores cristãos que trabalharam as relações de alteridade, a filosofia de Dussel visa às ações práticas de transformação do processo de sofrimento e opressão pelo qual passaram os povos da América Latina ao longo da História.

Apesar de sempre querer fundamentar suas atitudes, nenhum ser humano deveria apresentar justificativas para o fato de querer ser superior a outro por motivos econômicos, étnicos, religiosos, culturais, de gênero etc. Uma das grandes tarefas daqueles que buscam construir um mundo mais humano e harmônico é ampliar o discurso de aceitação da alteridade. Não podemos exigir que as pessoas mudem para então aceitá-las. Para adotar uma postura de empatia em relação ao próximo, podemos implementar uma mudança em nós mesmos.

TRUE TOUCH LIFESTYLE/SHUTTERSTOCK.COM

Amar a nós mesmos passa pelo amor ao próximo.

Como nos ensinam as tradições religiosas, a aceitação da alteridade ocorre por meio da acolhida, do respeito, da responsabilidade, da solidariedade, da fraternidade, do amor, da hospitalidade, da abertura ao diálogo, da cooperação, do altruísmo e de tantos outros valores.

O filósofo Paul Ricoeur (1913-2005) afirma que o amor pelo próximo descentraliza o eu, voltando-se para o outro. Se não fizermos essa passagem pelo outro, também não podemos amar a nós mesmos.

2 Explique com as suas palavras a afirmação de Paul Ricoeur: para amarmos a nós mesmos, precisamos perceber o outro.

ITSRA SANPRASERT/SHUTTERSTOCK.COM

Cultivando as relações

É no autêntico encontro do eu com o outro que a humanidade se constrói, formando sujeitos e compondo a História. Esse encontro foi objeto de reflexão, por exemplo, para o filósofo judeu Martin Buber (1878-1965) e para o filósofo cristão católico Gabriel Marcel (1889-1973).

A ideia central de Buber, desenvolvida em seu livro *Eu e tu*, de 1923, é a de que não há existência sem comunicação e diálogo. Por meio do diálogo entre o eu e o tu, o ser humano se revela, ao mesmo tempo em que mergulha na vida da outra pessoa.

A comunicação não faz a pessoa perder a identidade, e sim permite que ela se abra para o mundo do outro, experimente a alteridade, compreenda, aceite e acolha as diferenças. O diálogo colabora para a desconstrução do individualismo e do egoísmo, impulsionando o sujeito às demais pessoas, em um encontro, muitas vezes, transformador.

Para Gabriel Marcel, Deus representa o outro absoluto. Nessa relação, quanto mais próximos desse outro Transcendente, mais próximos estamos de nós mesmos. Ele afirma que, à medida que entramos em contato com Deus, tornamo-nos cada vez mais nós mesmos.

O diálogo possibilita a interação e a comunhão entre as pessoas a despeito de suas diferenças. As relações que construímos em nosso modo de vida atual requerem atenção, porque estamos vivendo um momento de transformação que tem tornado as relações cada vez mais virtuais e impessoais.

Os avanços tecnológicos permitem que os contatos sejam mais rápidos e instantâneos; por outro lado, eles privam muitas pessoas do convívio. Por isso, é necessário cultivar espaços de diálogo e entrosamento que propiciem a troca e a solidariedade.

Cada vez mais, as tradições religiosas alertam para a necessidade de ampliar o diálogo não só entre as pessoas, mas também entre as próprias religiões.

Há nas tradições religiosas, principalmente nas orientais, a concepção de que o sagrado e o mistério do Transcendente não se revelam de modo único, e sim de forma diversa e múltipla. Para o teólogo indiano Michael Amaladoss (1936-), na raiz dessa diversidade está a vontade de Deus de comunicar-se de vários modos, não só com a finalidade de manifestar a riqueza do ser divino, mas também a diversidade cultural e histórica, fruto da liberdade e da criatividade que Ele concedeu aos humanos.

O diálogo entre as pessoas e o reconhecimento das diferenças possibilitam experimentar a alteridade.

XAVIER LORENZO/SHUTTERSTOCK.COM

AMPLIANDO

Nem sempre nos comunicamos de maneira eficaz. Já aconteceu de você falar alguma coisa para alguém e essa pessoa entender o que você disse de uma forma bem diferente? Pois é, isso acontece muito nas interações do dia a dia. Pensando nisso, o psicólogo estadunidense Marshall Rosenberg protagonizou, nos anos 1960, uma pesquisa que buscava entender se seria possível estabelecer métricas para uma comunicação respeitosa e eficaz. Outros pesquisadores também se engajaram no tema, e foi criado o método da **comunicação não violenta**, cuja abordagem abrange habilidades de escuta e de fala que pretendem levar os interlocutores a uma conexão entre si no momento do diálogo.

Para saber mais sobre comunicação não violenta, acesse o *QR Code*.

https://s.ftd.li/Comunicação

Longe de enfraquecer a fé, o diálogo proporciona o desenvolvimento e o aprofundamento das diferentes tradições religiosas, possibilitando abertura a novas e múltiplas dimensões do mistério. Nessa realidade contemporânea globalizada, as tradições religiosas são incentivadas a entrarem em contato umas com as outras, a conversarem sem temer perder sua identidade.

Além disso, as religiões são chamadas a assumirem uma responsabilidade global contra a realidade do sofrimento e da destruição ambiental no mundo, por meio de gestos conjuntos de paz, esperança, solidariedade, justiça, compaixão e respeito com todas as formas de vida.

3. Elabore um diálogo entre duas pessoas de diferentes religiões, colocando em prática o que você aprendeu sobre identidade, alteridade, empatia e compreensão.

ARTE QUE ENCANTA

A compreensão da alteridade é uma atitude ética que requer reflexão sobre a condição humana do outro, que é uma pessoa igual e, ao mesmo tempo, diferente do eu. A alteridade compreende uma relação com o outro, considerado e respeitado em sua diferença radical, em sua singularidade, em seu caráter único perante todos os outros indivíduos. Diante desse outro, precisamos cultivar a empatia, sentimento fundamental para despertar atitudes de cooperação, solidariedade e amor.

Observe a obra a seguir, de Johann Moritz Rugendas (1802-1858), pintor alemão que documentou aspectos da sociedade e da natureza do Brasil. Os africanos trazidos para cá na condição de escravizados eram considerados mercadorias que podiam ser compradas, vendidas e descartadas, como objetos.

BIBLIOTECA NACIONAL, RIO DE JANEIRO

Mercado de escravos, de Johann Moritz Rugendas. 1835. Litografia (colorida à mão). 35,50 cm x 51,30 cm. Biblioteca Nacional, Rio de Janeiro (RJ). É importante notar que o artista optou por uma versão romantizada e mais plástica da dura realidade do mercado de escravizados da época.

Naquela época, muitos defendiam a ideia de que os africanos não possuíam alma, o que ajudava a justificar o tratamento que recebiam. A escravidão era reconhecida como um fato natural, porque os colonizadores se consideravam superiores aos povos dominados. Além do tratamento violento e desumano que recebiam, as pessoas escravizadas eram proibidas de cultivar elementos de sua cultura, como a religião e a língua.

1 Comente as justificativas dadas para a existência da escravidão no Brasil.

2 Leia o poema a seguir, do escritor mineiro Murilo Mendes (1901-1975). O eu lírico considera que pequenos gestos também são capazes de expressar nossa solidariedade e nosso amor ao próximo.

> **O mau samaritano**
>
> Quantas vezes tenho passado perto de um doente,
> Perto de um louco, de um triste, de um miserável,
> Sem lhes dar uma palavra de consolo.
> Eu bem sei que minha vida é ligada à dos outros,
> Que outros precisam de mim que preciso de Deus.
> Quantas criaturas terão esperado de mim
> Apenas um olhar – que eu recusei.

MENDES, Murilo. O mau samaritano. *In*: **Poesia completa e prosa**. Rio de Janeiro: Nova Aguilar, 1995. p. 297.

3 Leia a **Parábola do Bom Samaritano** contada por Jesus na Bíblia, em Lucas 10,29-37, e compare-a com o poema lido, estabelecendo semelhanças e diferenças.

4 Antítese é a figura de linguagem que consiste na exposição de ideias contrárias. Identifique a antítese entre os dois textos. Comente com os colegas.

EDITORIA DE ARTE

OS POVOS E O SAGRADO

Por meio de alguns textos sagrados, entramos em contato com valores que colaboram para o processo de humanização das pessoas, um trabalho que pretende tornar o ser humano mais bondoso e gentil. A humanização implica uma evolução intelectual e moral, porque, por meio dela, desenvolvemos nossas melhores características.

Leia um trecho do Corão, livro sagrado dos muçulmanos.

> Este é o anúncio agradável que Deus dá aos seus servos que acreditaram, que realizaram o bem. Diga: "Eu não lhes peço outra mercê que o amor ao próximo".

Corão, 42ª surata, versículo 23.

Do mesmo modo, podemos compreender a aceitação daqueles que são diferentes de nós. Apesar de existirem diferenças entre as pessoas, isso não deve ser motivo de divergências ou violências.

No livro Bhagavad Gita, que é um episódio da grande epopeia hindu **Mahabharata**, datada de aproximadamente 5 mil anos, encontramos um texto que também trata de valores fundamentais para a humanização das pessoas. Leia a seguir.

> Uma pessoa é considerada superior quando tem uma conduta imparcial ante seus companheiros ou seus inimigos, ante seus familiares ou desconhecidos, compatriotas ou estrangeiros, santos ou pecadores.
>
> O que a torna superior é o amor que nutre para com todos eles.

Bhagavad Gita, VI, 9.

PRESSMASTER/SHUTTERSTOCK.COM

Família refugiada recebendo atendimento médico.

- De acordo com os valores citados, você avalia que a postura dos indivíduos na sociedade atual está mais "humanizada"? Justifique seu posicionamento com exemplos concretos.

O CUIDADO COM O MUNDO

Immaculée Ilibagiza nasceu em Ruanda, país que vive um grave conflito étnico entre os tutsis e os hutus. Para não ser assassinada, Immaculée, mulher tutsi, ficou escondida com mais sete mulheres durante três meses, em 1994, em um banheiro de 1,5 metro quadrado na casa de um generoso pastor hutu. O texto a seguir é um fragmento do livro que ela escreveu contando sobre esse período.

WALTER MCBRIDE/GETTY IMAGES

Immaculée Ilibagiza durante o dia internacional de reflexão sobre o genocídio de 1994. Nova York, 2019.

"

Ouvi quando os assassinos chamaram meu nome.

[...]

Eram muitas as vozes, muitos os assassinos. Eu podia vê-los com os olhos da mente: meus antigos amigos e vizinhos, que sempre me haviam recebido com amor e bondade, andavam pela casa, munidos de lanças e facões, e chamavam meu nome.

[...]

Os assassinos estavam do outro lado da porta, eu sabia que a qualquer momento eles me encontrariam. [...]

Juntei as mãos, segurei o rosário de meu pai e comecei a orar silenciosamente:

– Ó, Deus, por favor, me ajude. Não permita que eu morra assim, assim não. Não permita que esses assassinos me encontrem. O Senhor nos diz na Bíblia que se pedirmos, receberemos... pois bem, Deus, eu estou pedindo. Por favor, faça com que esses assassinos se afastem. Por favor, não permita que eu morra neste banheiro. Por favor, Deus, por favor, por favor, por favor, me salve por favor! Me salve!

Os assassinos abandonaram a casa e todas nós voltamos a respirar. Eles partiram, mas voltariam inúmeras vezes durante os três meses seguintes. Acreditei que Deus havia poupado a minha vida, mas, durante os 91 dias que passei tremendo de medo, com mais sete pessoas, num banheiro do tamanho de um armário, eu aprenderia que ser poupada não é o mesmo que ser salva... e essa lição me modificou para sempre. Foi uma lição pela qual, em meio a assassinatos em massa, aprendi a amar os que me odiavam e perseguiam – e como perdoar aqueles que executaram minha família.

"

ILIBAGIZA, Immaculée. **Sobrevivi para contar**. São Paulo: Fontanar, 2008. *E-book*.

1 Comente oralmente como Immaculée Ilibagiza explica seu encontro com Deus durante o período em que permaneceu escondida.

2 Interprete o significado da frase: "eu aprenderia que ser poupada não é o mesmo que ser salva... e essa lição me modificou para sempre". Converse com um colega.

3 De que forma o princípio de amar aqueles que nos odeiam pode ser aplicado à vida cotidiana? Discuta essa questão com os colegas.

Para saber mais sobre Immaculée Ilibagiza, acesse o *QR Code*.

https://s.ftd.li/Ilibagiza

LIGHTSPRING/SHUTTERSTOCK.COM

OUTROS OLHARES

O diálogo e a valorização da alteridade são fundamentais para a construção de uma sociedade mais justa e capaz de superar toda forma de intolerância, até mesmo na escola.

O texto a seguir explora a questão da alteridade, do respeito e da tolerância, inclusive diante de posturas intolerantes. Leia atentamente e reflita sobre as ideias propostas.

A importância da alteridade

A palavra alteridade, originária do latim, possui o prefixo alter (o outro) que significa compreender o lugar do outro e ter consciência que ele existe. A convivência com a alteridade é uma forma de pensar, escutar e dialogar com o outro.

No entanto, o exercício da alteridade não é fácil. Começamos a olhar o outro como um estranho, mas não como um "outro". A visão de alteridade é ser capaz de olhar o outro como um sujeito visível, próximo, e não como um inimigo. Sair de sua própria visão de mundo para entrar na existência da outra pessoa

[...]

A questão da alteridade é investigada pelo filósofo lituano Emmanuel Levinas (1906-1995). Para ele os homens contemporâneos mantêm suas relações com o próximo de uma forma egoísta e sem responsabilidade, preocupando-se apenas com o seu ser.

Levinas acredita que nosso papel não é complementar ou somar com o próximo, mas simplesmente entender que não estamos sozinhos no mundo e que precisamos ter responsabilidade e uma relação ética com o Outro, independente de quem seja. É necessário não um olhar de medo, mas de respeito em relação ao espaço do outro.

Intolerância política e à diversidade humana

Para o cientista político italiano Norberto Bobbio (1909-2004), a intolerância que se baseia na crença da verdade absoluta é, em geral, de caráter religioso ou político. A tolerância seria, assim, uma forma de prevenção contra o dogmatismo, para que este não vire fanatismo (pessoal), fundamentalismo (religião) e totalitarismo (Estado).

Os fundamentalistas de qualquer religião querem impor um único modelo de vida, num mundo onde prevalece a pluralidade. [...]. Nesse contexto, todos que se opõem a esse pensamento único são considerados inimigos e contra eles é exercida a intolerância em diversos graus, da exclusão ao uso da violência. Mas em uma sociedade livre, o diálogo é uma prática de não violência.

Já a intolerância que se baseia em diferentes tipos de preconceitos tem como característica atentar contra a diversidade humana. Do ponto de vista de sua origem, a palavra preconceito significa pré-julgamento, ou seja, ter uma conclusão sobre alguma coisa que ainda não se conhece. Na prática, a palavra preconceito foi consagrada como um pré-julgamento negativo a respeito de uma pessoa ou de alguma coisa.

Para Michael Walzer, intelectual e pensador norte-americano, "a coexistência pacífica de grupos de pessoas com histórias, culturas e identidades diferentes" é o próprio conceito de tolerância. [...]

MELITAS/SHUTTERSTOCK.COM

Tolerar a intolerância?

O pensador Karl Popper (1902-1994) acreditava que a intolerância não devia ser tolerada. Devemos, portanto, reivindicar, em nome da tolerância, o direito de não tolerar os intolerantes. Essa formulação não implica que devemos sempre suprimir as filosofias intolerantes, contanto que possamos combatê-las por argumentos racionais.

[...]

O escritor israelense Amós Oz, para quem a tolerância é a questão fundamental do século 21, propõe uma pergunta para pensarmos a relação tolerância/intolerância: "A tolerância deve se tornar intolerante para se proteger da intolerância?".

CUNHA, Carolina. Intolerância - coexistir com as diferenças é um desafio? **UOL**, São Paulo. Disponível em: https://vestibular.uol.com.br/resumo-das-disciplinas/atualidades/intolerancia-coexistir-com-as-diferencas-e-um-desafio.htm. Acesso em: 23 fev. 2024.

1. As ideias de Levinas a respeito da alteridade podem ser relacionadas com valores religiosos, como o amor ao próximo. Explique essa relação.

2. Utilizando o texto, diferencie uma postura intolerante de uma postura tolerante e explique como valorizar ações de tolerância na vida em sociedade.

3. O texto finaliza com um questionamento, proposto pelo escritor israelense Amós Oz. Como você responderia a esse questionamento? Reflita sobre o tema e discuta a questão com os colegas.

ALÉM DA IMAGEM

Os povos nativos australianos ainda hoje sofrem com a discriminação causada por diferenças étnicas, culturais e religiosas. Essa discriminação ocorre desde a colonização britânica do território, que se deu no século XVIII e é tida como responsável pelo massacre desses povos aborígenes.

Foram decretadas leis discriminatórias que atentavam contra a cultura e a religião animista que eles praticam. Os colonizadores violaram e destruíram locais sagrados. A Austrália era designada como *terra nullius*, ou seja, "terra de ninguém", motivo que os colonizadores usavam para justificar sua invasão.

No século XX, muitas de suas crianças foram retiradas das aldeias para serem criadas por instituições de brancos australianos, na tentativa de evitar a perpetuação da cultura desses povos, que, nos dias de hoje, enfrentam pobreza, doenças e falta de auxílio por parte do governo.

CHAMELEONSEYE/SHUTTERSTOCK.COM

Grupo de guerreiros da etnia Yugambeh em apresentação no festival de cultura aborígene, em Queensland, Austrália.

- Discuta com os colegas a importância de registros dessas tradições, sejam eles orais, escritos ou iconográficos (por meio de imagens).

TEIA DO CONHECIMENTO

Você estudou que o contato com o outro é essencial para a construção de nossa identidade e de nossos valores. O diálogo inter-religioso auxilia nessa tarefa, pois propicia a abertura ao diferente, a valorização do patrimônio religioso das diversas tradições, o combate à discriminação, a preservação da diversidade e uma vivência mais humanizada.

- Para encerrar essa reflexão, criem um esquete de teatro, explorando a importância do diálogo e da tolerância para a construção de uma sociedade mais justa. Para isso, sigam o roteiro.

1. Com a supervisão do professor, em grupos, discutam os tópicos a seguir.
   - Para vocês, como é possível dialogar com o outro em sua diversidade?
   - De que forma o diálogo inter-religioso pode contribuir para a criação de uma sociedade mais tolerante?
   - O que fazer quando as pessoas não estão dispostas ao diálogo e ao respeito?
2. Elaborem uma cena com personagens dialogando a respeito de um fenômeno religioso de sua escolha e a importância da tolerância. Pensem na composição dos personagens que participam e elaborem o texto das falas.
3. Com o texto pronto, revisem-no e determinem os papéis que serão desempenhados por todos.
4. Ensaiem a apresentação e verifiquem se ainda é necessário algum ajuste no trabalho.
5. Com a supervisão do professor, apresentem a cena aos demais colegas da escola.
6. Discutam o resultado do trabalho e retomem a importância do diálogo para a construção de uma sociedade mais tolerante.

DICA

Lembrem-se de trabalhar os temas explorados no capítulo, valorizando o diálogo e a tolerância.

MONKEY BUSINESS IMAGES/SHUTTERSTOCK.COM

ESPAÇO DE...

SLAM

VALORES PARA TODA VIDA

Ao longo desta unidade, você pôde refletir sobre valores, princípios e virtudes fundamentais para diferentes tradições religiosas.

Com os colegas e o professor, elenquem as palavras que mais se destacaram para a turma no estudo desta unidade e criem uma nuvem de palavras.

Agora, você vai expressar seu aprendizado por meio da arte e mostrar a todos como entende a importância dos valores, dos princípios e das virtudes na vida em sociedade. O resultado será um *slam*, uma batalha de poesia.

Na batalha de poesia, cada participante tem até três minutos para apresentar seu poema, sem acompanhamento de adereços, música ou figurinos. A proposta é que sejam apenas o poeta e sua voz.

Essa forma de expressão, em geral, trata de questões sociais, de problemas que precisam ser pensados pela sociedade. Neste momento, você vai compor uma poesia para falar dos valores que carregará por toda vida e entende serem fundamentais na construção de um mundo justo e solidário.

ETAPA 1 Escrevendo o poema

Reúna-se com um colega e sigam as orientações.

- Decidam sobre o que desejam comunicar por meio do poema. Retomem as palavras da nuvem para decidirem quais delas serão usadas por vocês.

- Rascunhem o poema, considerando o tempo da apresentação. Organizem as rimas entre os versos, de modo que garantam ritmo durante a declamação.
- Realizem a leitura em voz alta para fazer os ajustes necessários, seja de alteração de rimas, seja para garantir a sequência de ideias.

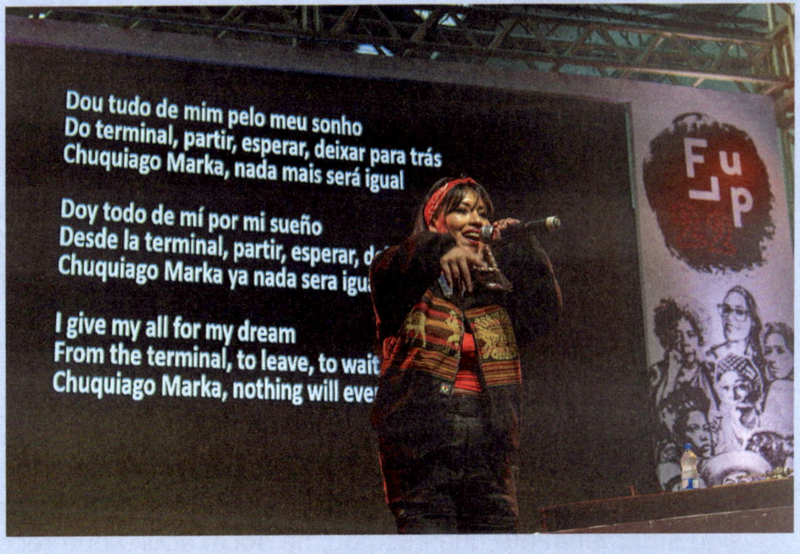

LUCIANA WHITAKER/PULSAR IMAGENS

Poetisa indígena da Bolívia se apresentando no *slam coalkan*, na Festa Literária das Periferias, na Favela da Maré, no Rio de Janeiro (RJ), em 2022.

ETAPA 2 Ensaio

- Façam uma apresentação de ensaio para outra dupla, que ajudará na análise do que precisa ser reformulado. Em seguida, você e o colega ajudam na avaliação do poema produzido pela outra dupla.
- Para essa etapa, usem como base dois critérios: os temas desenvolvidos e a forma como as rimas conduzem o ritmo da leitura do texto.
- Façam os ajustes necessários. Lembrem-se, durante o ensaio, de que no *slam* o poema não deve ser lido e, sim, declamado com emoção e intensidade.

#ParaPensar

Que temas tratados nesta unidade fizeram você repensar questões do seu cotidiano?

ETAPA 3 A batalha de poesia

- A batalha de *slam* é uma competição e, para isso, é importante que existam jurados para a avaliação. Convidem professores para fazerem parte desse júri.
- Chamem os demais estudantes da escola para assistirem à batalha. Se possível, providenciem microfones e caixas de som, além de material para filmagem. A competição deve ser gravada para que todos possam assisti-la futuramente.
- No dia combinado, decidam a ordem das apresentações. Durante o evento, lembrem-se das atitudes de empatia e apoio a todos aqueles que estiverem no palco. Sejam solidários com os colegas e valorizem todos os poemas.
- A filmagem das apresentações pode ser compartilhada nas redes sociais da escola.

#ParaFechar

- Por que o tema escolhido por sua dupla é importante para a sociedade?
- Como foi o processo de criação do poema em dupla? Qual foi o momento mais difícil e o que foi fácil de ser feito?
- A participação na batalha de *slam* contribuiu para o desenvolvimento dos temas estudados por você nesta unidade?
- Além do seu poema *slam*, qual outro poema mais chamou sua atenção? Explique.

O QUE APRENDI

Neste momento, esperamos que você tenha apreciado os muitos saberes oferecidos nesta unidade. Quando gostamos de algo, nosso corpo inteiro fica tocado pela memória daquela sensação de satisfação.

Diante dessa analogia, as perguntas que fazemos são: Como foi apreciar as aprendizagens desta unidade? De qual tema, ideia, seção ou conceito você mais gostou? Como essa satisfação perpassou seu corpo?

- Identifique essas percepções na imagem a seguir: na cabeça, ideias que lhe vieram à mente; no coração, os sentimentos; nos olhos, o que pode ser associado ao conteúdo; nas orelhas, algo surpreendente que escutou; na boca, aquilo que recomendaria sem titubear a outras pessoas. Por fim, nas mãos e nos pés, indique o que você poderá fazer e os rumos que vai seguir em sua vida.

SUDOWOODO/SHUTTERSTOCK.COM

LER

Quem compartilha multiplica, de Fernando Carraro. Ilustrações de Bernardo França. São Paulo: FTD, 2022.

O livro conta a história de uma turma que, no primeiro dia de aula, começa a pensar em soluções para tratar o problema da fome no Brasil. Praticando a empatia, as ações dos estudantes vão reverberar pela escola toda.

EDITORA FTD